UM CAMINHO PARA O BRASIL

A RECIPROCIDADE ENTRE
SOCIEDADE CIVIL E INSTITUIÇÕES

Proibida a reprodução total ou parcial em qualquer mídia
sem a autorização escrita da editora.
Os infratores estão sujeitos às penas da lei.

A Editora não é responsável pelo conteúdo deste livro.
O Autor conhece os fatos narrados, pelos quais é responsável,
assim como se responsabiliza pelos juízos emitidos.

Consulte nosso catálogo completo e últimos lançamentos em **www.editoracontexto.com.br**.

UM CAMINHO PARA O BRASIL

A RECIPROCIDADE ENTRE SOCIEDADE CIVIL E INSTITUIÇÕES

RAYMUNDO MAGLIANO FILHO

Copyright © 2017 do Autor

Todos os direitos desta edição reservados à
Editora Contexto (Editora Pinsky Ltda.)

Montagem de capa
Gustavo S. Vilas Boas

Diagramação
Caio Cardoso

Preparação de textos
Lilian Aquino

Revisão
Ana Paula Luccisano

Dados Internacionais de Catalogação na Publicação (CIP)
Angélica Ilacqua CRB-8/7057

Magliano Filho, Raymundo
   Um caminho para o Brasil : a reciprocidade entre sociedade
civil e instituições / Raymundo Magliano Filho. – São Paulo :
Contexto, 2017.
   224 p.
ISBN 978-85-7244-997-7
1. Brasil – Política e governo 2. Estado 3. Banco Nacional de
Desenvolvimento Econômico e Social (Brasil) I. Título

17-0279   CDD 320.981

Índices para catálogo sistemático:
1. Brasil – Política e governo

2017

EDITORA CONTEXTO
Diretor editorial: *Jaime Pinsky*

Rua Dr. José Elias, 520 – Alto da Lapa
05083-030 – São Paulo – SP
PABX: (11) 3832 5838
contexto@editoracontexto.com.br
www.editoracontexto.com.br

Sumário

Prefácio 7
Introdução 11

PARTE I
FUNDAMENTOS TEÓRICOS 15
Como compreender a sociedade, o Estado e a democracia? 17
A perspectiva institucionalista 25
O que falta para o Brasil dar certo 59

PARTE II
O DÉFICIT DEMOCRÁTICO DO BNDES 63
Instituições e sociedade civil: mais Estado,
menos mercado de capitais? 73
O BNDES é uma caixa-preta 105
Um banco X-tudo 115
O banco capta além das fontes convencionais 123
Muitas dúvidas, algumas certezas 135

PARTE III

AGÊNCIAS REGULADORAS: POR UMA NOVA PARTICIPAÇÃO CIDADÃ 149

Informativo sobre as agências 157

Agências reguladoras, Estado, capitalismo, mercado de capitais 171

Agências reguladoras e participação da cidadania 205

Carta de agradecimento 221

O autor 223

Prefácio

É com muita honra que aceitei a difícil tarefa de prefaciar este segundo livro de Raymundo Magliano Filho, amigo de longa data e um conhecido "agitador de ideias". Não tenho dúvidas de que o conteúdo do livro que o leitor tem agora em mãos reflete fielmente a originalidade, o empenho e a dedicação pelo debate que tanto marca a trajetória pessoal e profissional do autor.

Comprometido, desde sempre, com a busca por ideias que realmente possibilitam uma nova forma de agir, Raymundo Magliano Filho também sempre cultivou o costume de ouvir, a disposição para o diálogo que tanto o caracteriza. Os valores de visibilidade, transparência e acesso, tantas vezes repetidos e praticados durante o período como presidente do Conselho da então Bolsa de Valores de São Paulo (Bovespa), neste livro são os alicerces para uma reflexão ainda mais profunda. Se naqueles tempos o autor debatia-se com a questão da democratização do acesso à Bolsa, não seria exagero dizer que as próximas páginas deste livro buscam questionar a própria democracia: como democratizar a democracia?

Um caminho para o Brasil

Sem dúvidas, uma grande pergunta de atualidade ímpar em nosso país. E Raymundo Magliano Filho, como não poderia ser diferente, insiste nesse aspecto "comunicativo" do problema. O que podemos dizer sobre nossas instituições? Como compreender a relação destas com a democracia? Quais instrumentos teóricos permitem uma visualização mais próxima da realidade? Que tipo de sugestões práticas podem surgir de uma análise teórica da questão?

Nesse contexto, não poderia ser outra a mensagem final deste livro: contrário à tradicional importação de modelos teóricos, nosso autor insiste que a explicação, a organização e a renovação de nossas instituições necessitam de um diagnóstico essencialmente nacional, isto é, atento às especificidades históricas que marcaram nossa trajetória.

É essa chave de leitura que lhe permite problematizar as razões pelas quais nossa sociedade civil se vê dependente do Estado. Como não poderia deixar de ser, são essas mesmas ideias que o orientam em sua análise crítica do Estado, ainda hoje asfixiador da sociedade civil e impedidor de um real fortalecimento de nossas instituições. Como o leitor poderá perceber, são inúmeras as polêmicas e as discussões que atravessam o livro, motivo maior para que seja objeto de especial atenção. No atual cenário político e econômico, as reflexões apresentadas podem contribuir para o debate acerca do tipo de país que queremos e da forma organizativa que nossas instituições devem ter.

A cuidadosa construção teórica que marca a primeira parte do livro serve como alicerce para as reflexões sobre o Banco Nacional de Desenvolvimento Econômico e Social (BNDES) e as agências reguladoras, apresentadas na segunda e terceira partes. Quanto à primeira, Raymundo Magliano Filho demonstra uma vez mais que nunca está satisfeito com as respostas prontas. Estaria o requisito democrático satisfeito, somente com a democracia representativa? Pode a democracia direta contribuir em algo em pleno século XXI? Como a extensão da participação da sociedade civil em instituições até então marcadas somente pela representatividade pode auxiliar na renovação de nossas instituições? É justamente

Prefácio

nas demais partes que a força dessas questões e provocações fica ainda mais evidente. Após abordagem histórica sobre o BNDES e as agências reguladoras, o autor, mais do que apontar desvirtuamentos políticos dessas instituições, tão comuns nos últimos anos, estabelece uma trajetória de reflexão (a democratização de nossas instituições) que termina em inovadoras sugestões práticas. Como conciliar o ideal de democracia participativa com a reconstrução de nossas instituições? Cabe ao leitor aventurar-se pelas próximas páginas e continuar esse diálogo.

Da minha parte, reitero a satisfação de poder acompanhar a trajetória de Raymundo Magliano Filho há tanto tempo. Longe de poder fazer uma avaliação conceitual acerca do arcabouço teórico aqui construído, limito-me a destacar o verdadeiro sentido do livro, o diálogo: como eficazmente construir um novo modelo a partir das ideias apresentadas? Qual é a viabilidade prática de materializarmos as propostas apontadas? Em meio a essas dúvidas, não cabe a mim, naturalmente, qualquer delineamento final. Como costumeiramente colocado pelo autor, o caminho que nos leva à construção de um legado para os outros e as futuras gerações é necessariamente permeado de dúvidas e certezas, erros e acertos, hesitações e expectativas. Todos esses conflitos são constituintes da democracia, verdadeira pedra angular para o encontro de pessoas interessadas em discutir problemas comuns a todos. Muito distante do tecnicismo dos especialistas, a democracia, tal como sustenta o autor, deve ser pautada pelo diálogo público, e as perguntas que a mente inquieta de Raymundo Magliano Filho suscitam cumprem muito bem essa função. Não tenho dúvidas de que neste livro encontramos um material riquíssimo, rigoroso e indispensável para alimentarmos todas essas discussões.

Gilberto Mifano

Introdução

Qual sociedade civil queremos? E, ainda, de qual sociedade civil uma democracia madura necessita? Como fortalecer e manter instituições democráticas? Essas são as questões centrais que proponho neste livro. Não se repetem aqui aquelas velhas narrativas sobre o atraso do Brasil, bem ao estilo melancólico que resta paralisado diante da influência da colonização ibérica, nem mesmo copiam-se modelos europeus ou americanos que, supostamente, permitiriam uma solução efetiva nos nossos problemas institucionais. Modelos ideais não podem existir, de tal forma que o que nos resta é lutar por mudanças gradativas, fruto de um diagnóstico rigoroso acerca das especificidades históricas que impedem o eficiente e democrático funcionamento de nossas instituições.

Nesse sentido, pretendo aqui contribuir para o encaminhamento de novas práticas, novas organizações. E o núcleo fundamental dessas reflexões passa pela compreensão da sociedade civil (o conjunto de relações entre indivíduos, grupos e classes sociais que se desenvolvem à margem das relações de poder que caracterizam as instituições políticas)[1] como peça indispensável para pensarmos e propormos um modelo atento às condições que marcam nossa história, uma resposta à crise de representatividade e uma defesa da eficácia material da democracia e da participação da sociedade civil.

A sociedade civil precisa se conscientizar de que ela é parte essencial da sociedade e que, por isso mesmo, cabe a ela se organizar e agir para resolver problemas sociais e, simultaneamente, contribuir para o crescimento econômico e social de nosso país.

Por outro lado, o Estado também deve se conscientizar e perceber que ele existe somente enquanto extensão da sociedade civil, razão pela qual precisa garantir e realizar formas efetivas de participação dela em suas estruturas, e não somente garantir a possibilidade de participação.

Precisamos compreender criticamente o discurso de que nossas instituições funcionam, assim como devemos assumir nossa condição específica e parar de importar modelos teóricos alheios à nossa história de colonização ibérica.

Reestruturar as instituições, garantindo a participação efetiva da sociedade civil em seus conselhos de deliberação, e inserir o fortalecimento da sociedade civil como objetivo preponderante das instituições são premissas fundamentais para construirmos uma cultura democrática, sem a qual nenhuma democracia formal terá eficácia.

É a partir dessa perspectiva que se estrutura o presente livro. O conjunto final das reflexões aqui apresentadas é resultado de uma síntese de três estudos aparentemente distintos: um sobre o processo teórico e prático da construção de nossas instituições que acabou por sufocar a participação da sociedade civil; outro sobre os déficits democráticos presentes na estrutura do BNDES, que não só não abre espaço para representantes independentes da sociedade civil, como também permite a cooptação dessa instituição para fins político-partidários; e, por fim, um que analisasse o contexto que deu origem às agências reguladoras em nosso país, e de que forma uma reestruturação seria necessária para que a autonomia operacional delas estivesse atrelada ao fortalecimento da sociedade civil.

Como o leitor pode notar, o núcleo duro de todas essas questões é a necessidade de considerar a relação entre instituições e sociedade civil a partir de uma dupla perspectiva: enquanto necessidade de participação estrutural, e enquanto destino privilegiado dos objetivos institucionais. Ou seja, trata-se de uma relação de reciprocidade: na medida em que as instituições se consolidam por meio da participação da sociedade civil, elas têm o dever de agir em seu benefício, fortalecendo-a. Esse eixo central liga os três estudos e formam este livro.

Para realizar esse empreendimento, após uma primeira abordagem teórica acerca da importância da democracia participativa como meio de oxigenação (fortalecimento) da democracia representativa, há mais duas partes, que discutem a ausência de participação da sociedade civil em duas instituições específicas (BNDES e agências reguladoras) e, paralelamente, revelam o desvirtuamento e a instrumentalização partidária de políticas públicas que caracterizam governos que asfixiaram a sociedade civil. O livro é enriquecido por diversas entrevistas feitas especialmente para a obra. A lista dos entrevistados encontra-se no final do livro.

Com isso, pretende-se contribuir efetivamente para o debate acerca do futuro do Brasil. Somente boas ideias não bastam, é preciso compreendê-las enquanto guias para novas ações, novos sentidos que podem juntar democracia e crescimento econômico e social.

NOTA

1 Norberto Bobbio, Nicola Matteucci e Gianfranco Pasquino (orgs.), *Dicionário de política*, 12. ed., Brasília: Editora Universidade de Brasília, 2004, p. 1210.

PRIMEIRA PARTE
FUNDAMENTOS TEÓRICOS

Como compreender a sociedade, o Estado e a democracia?

Existem inúmeras teorias que buscam compreender a origem da ordem social, relacionando-a com a formação do Estado e com as possíveis formas de governos. De fato, uma breve reflexão sobre como pode existir a ordem social permitiria que um professor oferecesse inúmeros cursos a respeito. Não é esse, naturalmente, meu objetivo.

O que gostaria de destacar, no entanto, é que essas diversas abordagens (teoria dos valores fundamentais da sociedade, teoria da associação entre as pessoas, teorias contratualistas etc.) podem ser resumidas a um aspecto comum, e que esse aspecto, quando observado a partir de determinada compreensão da democracia, pode contribuir para a avaliação e reestruturação de nossas instituições. Trata-se, assim, de apresentar uma visão do papel fundamental que a sociedade civil (o conjunto de relações entre indivíduos, grupos e classes sociais que se desenvolvem à margem das relações de poder que caracterizam as instituições políticas)[1] pode exercer em uma democracia, e como isso pode trazer um impacto real em nossas vidas. Que fique claro: uma sociedade que fecha as portas para a participação da sociedade civil corre três riscos inter-ligados: politização das instituições, perda de autonomia e corrupção.

Para compreendermos essas questões é necessário estabelecer com clareza e simplicidade alguns conceitos básicos. Por isso gostaria de di-zer que toda e qualquer ordem social é sempre uma ordem de convi-vência construída,[2] isto é, uma ordem que depende das formas de agir e pensar. Como destacava Hannah Arendt, é o agir humano o substrato do tecido social, o núcleo do desenvolvimento da sociedade civil. Esse aspecto é importantíssimo e precisa ser valorizado, pois remete automa-ticamente à ideia de responsabilidade.

Se nós somos a base para a estruturação da sociedade (e não um ente divino, uma ordem cosmológica etc.), então nós também somos responsáveis pela maneira como estruturamos a sociedade. Esse é um tipo de visão transformadora, isto é, que permite a contínua transfor-mação (e melhoria) da sociedade, e não uma visão fatalista ou de sub-serviência da ordem social. Esse modo de ver o mundo acarreta algumas consequências importantes:

- O conceito de Estado precisa ser compreendido a partir desta li-nha de raciocínio: ele é um "momento da sociedade civil",[3] isto é, diante dos diversos interesses que permeiam a sociedade, o Estado surge *como se* fosse algo exterior a ela, uma espécie de vontade geral coletiva, que reduz a complexidade da vida social ou a administra com normas;
- Algumas ordens sociais estabelecem formas de convivência que oprimem a sociedade civil. A monarquia faz com que o príncipe se apresente como alguém fora da sociedade, uma entidade supe-rior, diferente dos outros, que cria a ordem que deve ser obedeci-da pelos súditos. A ditadura vale-se do mesmo artifício: coloca-se acima da sociedade pela força das armas (não mais pelo argumen-to do "sangue real", como na monarquia), posição a partir da qual estabelece leis sobre como agir e pensar;

- A democracia é justamente uma ordem social que potencializa a sociedade civil, a partir da própria sociedade – e isso é fundamental. Por isso, afirmamos que as leis são criadas pelo "povo". Isso significa que a democracia não é algo dado, não é um partido, um dogma, uma espécie de política, mas uma construção contínua, e que por isso mesmo exige representação e participação;
- Existem seis princípios democráticos, de acordo com a proposição de Bernardo Toro:

I – *Princípio da secularidade* (a ordem social é construída, e não natural, o que permite inúmeras transformações).

II – *Princípio da autofundação* (as leis democráticas são feitas e refeitas pelas mesmas pessoas que vão vivê-las).

III – *Princípio da incerteza* (uma vez que não existe qualquer modelo de democracia, cada sociedade deve criar sua própria ordem social).

IV – *Princípio ético* (toda ordem democrática tem como objetivo assegurar e praticar os direitos humanos).

V – *Princípio da complexidade* (conflitos, diversidade e diferença fazem parte da ordem social e devem ser produtivamente desenvolvidos).

VI – *Princípio do público* (uma sociedade democrática constrói o público na sociedade civil).[4]

A partir dessa perspectiva é possível dizer que a democracia é uma espécie de empreendimento social, isto é, uma forma de organizar e construir instituições. Naturalmente, existem diversas abordagens que procuraram desenvolver a famosa "questão democrática". Aqui, no entanto, gostaria apenas de chamar a atenção para um tipo de compreensão da democracia que, como destacado, não está preocupado em estabelecer um suposto sentido unívoco sobre o *ethos* democrático, mas sim em compreender as vitais relações entre este e a sociedade civil.

Aqui recorro às valiosas lições de Norberto Bobbio acerca da definição mínima de democracia, que significa um conjunto de regras que

Um caminho para o Brasil

estabelecem *quem* está autorizado a tomar as decisões coletivas e com *quais* procedimentos.[5] E é justamente nesse contexto em que gostaria de colocar em pauta algumas questões sobre democracia representativa e participativa: quem ocupa o lugar do *quem* e quais são as formas dos *procedimentos*? Em outras palavras: qual é o real alcance do público?

Aqui se faz necessário um esforço de contextualização. Quando Bobbio afirma que hoje há a exigência de "mais democracia", no sentido de que a democracia representativa seja oxigenada ou mesmo substituída pela democracia direta (participativa),[6] é necessário frear os ímpetos e compreender o papel positivo e decisivo que a democracia representativa desempenhou e ainda desempenha. Que hoje seja necessário aprimorar essa forma de governo a partir da ampliação dos espaços de participação da sociedade civil não exclui, por si só, a continuidade da ideia de representação política. Trata-se, muito mais, de permitir a construção de um modelo de democracia integral em que ambas as formas são necessárias, ainda que, consideradas em si mesmas, sejam insuficientes.[7] Como ficará claro, o que se busca destacar é que a democracia representativa isolada da sociedade civil favorece o próprio totalitarismo (não podemos esquecer que Hitler e Mussolini foram eleitos, ou seja, chegaram ao poder por meio de instrumentos democráticos representativos). Quando deixamos todas as questões fundamentais da sociedade nas mãos dos nossos representantes, corremos o risco de substituir o princípio da autofundação da sociedade pelo princípio do jogo político, tão comum à cena nacional brasileira. Nesse cenário, não somos nós que governamos, mas o jogo de favores entre partidos e *lobbies*. É para esse déficit democrático que devemos atentar.

Assim, é fundamental compreender o contexto social que nos levou da necessidade da democracia representativa para a necessidade de oxigenação desta pela democracia participativa. Como se sabe, na Grécia – berço da chamada democracia direta – os cidadãos tinham a possibilidade de intervenção direta nas decisões políticas. Ao longo dos séculos, no entanto, estabilizou-se a ideia moderna de que os cidadãos

Como compreender a sociedade, o Estado e a democracia?

deveriam participar do Estado a partir de outra forma, qual seja, a participação indireta. Ainda que Rousseau enfatizasse que a vontade geral só poderia ser alcançada através da soberania popular, foi a perspectiva de Montesquieu que saiu vitoriosa: a liberdade só poderia se realizar no Estado representativo. E não poderia ser diferente, naturalmente. O próprio desenvolvimento dos países, com o aumento de suas fronteiras, com a expansão da economia, entre outros, tornava impossível e impraticável a ideia de que tudo deveria ser decidido por todos. Por isso Bobbio insiste em dizer que a "onicracia, como governo de todos, é um ideal-limite".[8] Mas como a consolidação da democracia representativa deu lugar à exigência pela democracia participativa? Como foi possível essa alteração?

Os limites das instituições representativas sempre tiveram como pano de fundo a crítica que denunciava a *distância* entre representantes e representados (uma vez mais, basta recordar os traumas da representação política após o fascismo e o nazismo), seja na forma do crescimento e isolamento dos partidos políticos (partidocracia), seja na forma de burocratização das estruturas políticas. Isso significa que votar, delegar sua vontade para o representante político, não garante que esse representante atue de acordo com a sua vontade.

No entanto, como destacado, a ênfase na democracia participativa não busca deslegitimar e/ou invalidar a democracia representativa. O mundo real não nos permitiria isso! Continua incontornável o argumento de que a complexidade da sociedade atual inviabiliza um retorno à Grécia. Daí a ideia fundamental de que a participação é um mecanismo para revigorar a democracia, expandindo suas ramificações para áreas ainda dominadas pelo poder invisível que atua distante dos olhos da sociedade civil, em gabinetes e salas fechadas.

É por essa razão que as atuais transformações políticas podem ser vistas como um processo de democratização social, isto é, de expansão conjunta da democracia representativa e participativa para novos espaços, áreas até agora dominadas por organizações extremamente hierárquicas e burocratizadas. Como será demonstrado na segunda e terceira partes deste livro, esse é justamente o foco da nossa pesquisa: discutir como essa nova compreensão da democracia (representativa e participativa) pode contribuir para a discussão das atuais estruturas do BNDES e das agências reguladoras, e que tipo de alteração democrática poderia ser colocada como alternativa (conselhos deliberativos, por exemplo). Em suma, trata-se aqui de refletir e propor mudanças a partir da seguinte constatação:

> Percebe-se que uma coisa é a democratização do Estado (ocorrida com a instituição dos parlamentos), outra coisa é a democratização da sociedade, donde se conclui que *pode muito bem existir um Estado democrático numa sociedade em que a maior parte das suas instituições – da família à escola, da empresa à gestão dos serviços públicos – não são governadas democraticamente.*[9]

Se uma das grandes questões que devemos enfrentar é a democratização das nossas instituições, um exemplo concreto certamente nos ajudará a compreender melhor a força dessas ideias. Refiro-me à "revolução silenciosa" que ocorreu no mercado de capitais e que abriu a Bolsa de Valores à população, disseminando o conhecimento e democratizando as oportunidades. Não cabe aqui recontar as inúmeras iniciativas democráticas que foram feitas no início deste século no âmbito da então Bovespa.[10] O que interessa é resgatar uma ideia real, uma prática que condensa o sentido democrático que vem sendo construído nessas últimas páginas: a necessidade de criar mecanismos que tornem instituições hierarquizadas em instituições democráticas, isto é, a criação de um conselho que reúna todos os interessados (sindicatos, investidores individuais, mulheres etc.).

Foi essa fundamental alteração que permitiu às pessoas deliberarem sobre questões que lhes dizem respeito, ultrapassando o requisito do acesso à informação e dando eficácia à relação de reciprocidade entre instituições e sociedade civil. Não basta o direito de ouvir, não basta informar as pessoas, não é suficiente organizar audiências públicas sem a real possibilidade de deliberação. Somente a existência de conselhos democráticos, com representantes substituíveis e independentes, que garantam tanto o acesso geral como a possibilidade efetiva de participação, somente isso legitima democraticamente nossas instituições. Apenas assim ultrapassamos o parâmetro (necessário) da legalidade, e adentramos na esfera da legitimidade.

A consequência teórica e prática dessas reflexões é que a participação não pode mais ser vista somente como um pressuposto de uma organização. Ela deve ser compreendida como um valor democrático, como um modo de vida da democracia, como exacerbação de uma cultura democrática, de tal forma que a abrangência da participação nas instituições seja um sinal democrático, uma necessidade para o desenvolvimento econômico e social.[11]

Insistir na ideia de que a participação amplia a legitimidade das deliberações oriundas da representação significa lutar pelo aumento da participação da sociedade civil e, ao mesmo tempo, diminuir o espaço do poder invisível que caracteriza as políticas de *lobbies*. Trata-se, assim, de uma forma de resgatar o conceito de cidadania e de realocá-lo enquanto eixo estruturante da vida social. Isso não pode ser confundido com a ideia simplista de voto. Como salienta Bernardo Toro,

> [...] um cidadão não é uma pessoa que pode votar. Esse é um direito dele, mas isso não faz dele um cidadão. O que faz do sujeito um cidadão é o fato de ele ser capaz de criar ou modificar, em cooperação com outros, a ordem social na qual quer viver, cujas leis vai cumprir e proteger para a dignidade de todos.[12]

É esse núcleo teórico – a necessidade de conselhos deliberativos que articulem representação e participação – que pode servir como pedra angular para avaliação e reestruturação de nossas instituições, de tal forma que a sociedade civil participe da estrutura institucional e, simultaneamente, que seu fortalecimento (da sociedade civil) seja alçado à condição de objetivo institucional. Assim, feita esta introdução conceitual às questões que envolvem os conceitos de sociedade, Estado, democracia e participação, é importante analisar qual arquitetura institucional é necessária para dar vazão à sociedade civil. Seria necessário um novo modelo de instituição? E se sim, qual modelo? Ou então, inversamente, seria o caso de construir novos modelos de instituições que partam das necessidades específicas de cada país?

NOTAS

[1] Norberto Bobbio, Nicola Matteucci e Gianfranco Pasquino (orgs.), *Dicionário de política*, 12. ed., Brasília: Editora Universidade de Brasília, 2004, p. 1.210.

[2] José Bernardo Toro e Nisia Werneck, *Mobilização social: um modo de construir a democracia e a participação*, São Paulo, Autêntica, 2007, p. 16.

[3] Bernardo José Toro, *A construção do público: cidadania, democracia e participação*, Rio de Janeiro, Senac Rio, 2005, p. 49.

[4] Idem, pp. 26-9.

[5] Norberto Bobbio, *O futuro da democracia*, Rio de Janeiro, Paz e Terra, 1986, p. 18.

[6] Idem, p. 41.

[7] Idem, p. 52.

[8] Idem, p. 19.

[9] Idem, p. 55 (grifos acrescentados).

[10] O leitor interessado pode encontrar essas informações em Raymundo Magliano Filho, *A força das ideias para um capitalismo sustentável*, Barueri, Manole, 2014.

[11] José Bernardo Toro e Nisia Werneck, *Mobilização social: um modo de construir a democracia e a participação*, São Paulo, Autêntica, 2007, pp. 29-30.

[12] Bernardo José Toro, *A construção do público: cidadania, democracia e participação*, Rio de Janeiro, Senac Rio, 2005, p. 52.

A perspectiva institucionalista

É a partir dessas questões que se faz necessário contextualizar todos os modelos teóricos, qualquer que seja seu ramo de aplicação. Ora, a ideia de que a natureza das instituições políticas e econômicas de um país pudesse estar por trás de seu desenvolvimento está na base do livro *Por que as nações fracassam*, de Daron Acemoglu, professor de Economia do Massachusetts Institute of Technology (MIT) e James Robinson, professor de Administração Pública da Harvard University.

O título poderia ser o oposto: "por que as nações prosperam". Um copo de água pela metade pode estar meio cheio ou meio vazio, depende da perspectiva de quem o observa. O copo dos autores parece meio vazio, mas tal opção pode ter a ver mais com a estratégia de marketing editorial do que com a visão expressa na obra. Se foi esse o caso, a editora acertou – o livro, publicado em 2012, fez merecido sucesso em várias línguas.

O fato é que a qualidade das instituições de um país relaciona-se mais a sua prosperidade. Acemoglu e Robinson passeiam tanto entre

Um caminho para o Brasil

as grandes metrópoles do hemisfério norte como em vilas remotas da África Subsaariana. É do contraste desses locais que tiram conclusões aplicáveis a outros quadrantes. O Brasil, salvo uma rápida menção no fim do volume, é quase ignorado pelos professores.

Os dois autores põem por terra algumas teorias que supostamente explicariam as diferenças entre níveis de desenvolvimento entre as nações. Uma delas, ainda popular, seria a teoria de que países quentes são intrinsecamente pobres. Embora considerada ultrapassada pela maioria dos estudiosos, essa hipótese ainda é defendida por intelectuais influentes. Segundo Acemoglu e Robinson, a versão moderna dessa tese salienta não os efeitos diretos do clima sobre a dedicação ao trabalho, mas fatores como doenças tropicais e agricultura não produtiva devido à pobreza de solos dos trópicos. A história, porém, argumentam os dois, "demonstra a inexistência de ligações simples e duradouras entre clima ou geografia a êxito econômico". Não é verdade que os trópicos tenham sido sempre mais pobres que as latitudes temperadas. Na época da conquista das Américas, havia as grandes civilizações inca e asteca, que dominavam muitas tecnologias. "Em agudo contraste, nessa mesma época, as áreas ao norte e ao sul habitadas por esses dois povos [...] eram habitadas basicamente por civilizações na Idade da Pedra."[1]

Outra explicação tradicional para a desigualdade mundial, e que hoje em dia deve ser vista com alguma ressalva, é a cultural. A hipótese cultural, dizem Acemoglu e Robinson, remonta ao sociólogo alemão Max Weber, "que defendia que a Reforma Protestante e a ética protestante dela decorrente desempenharam papel central na facilitação da ascensão da moderna sociedade industrial na Europa Ocidental".[2]

Quer dizer, então, que essa hipótese não é mais útil? Sim e não, respondem os autores.

> Sim, no sentido de que as normas sociais, que são relacionadas à cultura, exercem profunda influência e podem ser difíceis de mudar – além de, por vezes, darem sustentação às diferenças

institucionais. Não, à medida que os aspectos institucionais que se costuma enfatizar – religião, ética nacional [...] – não têm importância para entendermos [...] por que as desigualdades do mundo persistem. [Os aspectos culturais] constituem basicamente um resultado das instituições, não causas independentes.[3]

Um bom exemplo é a diferença entre as Coreias, a capitalista ao Sul e a comunista ao Norte. "O Sul é um dos países mais ricos do mundo, ao passo que o Norte enfrenta fomes periódicas e uma pobreza abjeta. O importante é a fronteira. Eventuais divergências culturais [são] consequência, e não causa nos níveis de prosperidade."[4]

E a influência da religião? Existe ou não? Seria ou não determinante para explicar por que uma nação tem êxito enquanto a outra fracassa? São perguntas pertinentes quando se pensa na hipótese de que a ética protestante, aplicada ao trabalho, teria favorecido o desenvolvimento do capitalismo nos países em que essa fé é predominante. Foi isso, muito resumidamente, o que disse Max Weber. Realmente, não há como negar que países predominantemente protestantes, como Holanda e Inglaterra, foram os primeiros grandes sucessos econômicos da Era Moderna. Mas, quando se olha para outras nações europeias, a ligação entre religião e prosperidade econômica se mostra frágil. Como lembram os dois economistas, "a França, país predominantemente católico, rapidamente reproduziu o desempenho econômico dos holandeses e ingleses do século XIX".[5]

O economista Douglass North vai na mesma linha. Ele não duvida de que a religião seja fundamental para determinar o ritmo de crescimento de um país. "Sabe-se, por exemplo, que da ética protestante e suas ideias positivas sobre o trabalho pesado se originou o espírito do capitalismo na Europa." Mas a partir disso devemos concluir que a religião vem antes das instituições? "Definitivamente não", ele responde. "Elas são a mesma coisa. As instituições de um país são a síntese das

Um caminho para o Brasil

crenças de seu povo. Não estamos falando só de religião. As instituições são a expressão concreta da mentalidade das pessoas."[6]

E quanto à influência das culturas nacionais no desenvolvimento das nações? Acemoglu e Robinson consideram essa ideia sedutora, mas não se deixam levar pela explicação. Para eles, essa explicação também não funciona. Eles dão um exemplo que empresta consistência à observação: "Canadá e Estados Unidos foram colônias britânicas, mas Serra Leoa e Nigéria também", assim, o legado britânico não pode ser considerado causa do enriquecimento da América do Norte.[7]

Finalmente, os autores de *Por que as nações fracassam* descartam a chamada hipótese da ignorância. Segundo essa explicação para as desigualdades entre países, os pobres devem sua pobreza ao excesso de falhas de mercado e ao fato de que seus economistas e autoridades não sabem como se livrar delas – daí a "ignorância". Para Acemoglu e Robinson, "embora haja alguns exemplos famosos de líderes que adotaram políticas desastrosas por terem se enganado a respeito de suas consequências, a ignorância pode, na melhor das hipóteses, explicar no máximo uma pequena parte das desigualdades mundiais".[8]

Numa das passagens mais importantes, fundamental para os propósitos deste livro, os autores argumentam que, muito mais do que todas essas explicações tradicionais, o que realmente faz diferença é o tipo de instituições que os países adotam. Em sua taxonomia singular, eles as classificam em instituições inclusivas e extrativistas.

O que são instituições inclusivas? Segundo Acemoglu e Robinson,

> [...] para serem inclusivas, as instituições econômicas devem incluir segurança da propriedade privada, sistema jurídico imparcial e uma gama de serviços públicos que proporcionem condições igualitárias para que as pessoas possam realizar intercâmbios e estabelecer contratos, além de possibilitar o ingresso de novas empresas e permitir cada um escolher sua profissão.[9]

Os mercados inclusivos, no entanto, não são meros mercados livres. Para eles, o Estado tem papel fundamental na construção dessas instituições.

> O asseguramento dos serviços públicos, leis, direitos de propriedade e da liberdade de firmar contratos e relações de troca depende do Estado, instituição detentora da capacidade coerciva de impor a ordem, impedir roubos e fraudes e fazer valer contratos entre partes privadas. Para ter seu bom funcionamento garantido, a sociedade requer também outros serviços públicos: estradas e uma rede para o transporte de bens; infraestrutura pública para que a atividade econômica tenha condições de florescer; algum tipo de regulamentação básica para a prevenção de fraudes e má conduta, sobretudo por parte das autoridades.[10]

Acemoglu e Robinson lembram que as instituições políticas definem quem são os detentores de poder. "Se a distribuição de poder for estreita e irrestrita, as instituições políticas serão absolutistas", afirmam.

> Sob instituições políticas absolutistas, como as América Latina colonial, os detentores do poder dispõem de meios para implementar instituições econômicas visando ao próprio enriquecimento e aumento de seu poder, em detrimento da sociedade. Em contrapartida, as instituições políticas promotoras de ampla distribuição de poder na sociedade e sujeitas às suas restrições são pluralistas.[11]

O livro advoga a presença na sociedade dos dois elementos que, combinados, ajudariam no fortalecimento das instituições inclusivas. Os autores reconhecem haver uma relação íntima e óbvia entre instituições econômicas inclusivas e pluralismo. Mas, ao mesmo tempo, enfatizam ser fundamental também a existência de um Estado centralizado

Um caminho para o Brasil

e poderoso o bastante. Quando me refiro a Estado centralizado tenho em mente o clássico e amplamente aceito conceito de Max Weber, segundo o qual o Estado é aquele que exerce o "monopólio da violência legítima" na sociedade. "Sem esse monopólio e o grau de centralização que ele acarreta, o Estado não tem condições de desempenhar seu papel de impositor da lei e da ordem, e muito menos prestar serviços públicos e incentivar e regulamentar a atividade econômica."[12]

Quanto às instituições políticas extrativistas, o que as caracteriza e diferencia é o fato de concentrarem poder nas mãos de uma elite e imporem poucas restrições ao exercício de seu poder. "As instituições econômicas são então, em geral, estruturadas por essa elite, de modo a extorquir recursos do restante da sociedade."[13] Qual a consequência da natureza dessas instituições, do ponto de vista de geração de riqueza? Sem dúvida, é o fato de elas não abrirem espaço para a "destruição criativa" de que nos fala Joseph Schumpeter, algo fundamental para estimular progressos tecnológicos, uma das alavancas do capitalismo.

Em outro estudo, os mesmos autores apontam a existência de uma variação do extrativismo – o extrativismo fiscal, que ocorre quando o Estado utiliza a lei como instrumento de força para extrair riquezas da sociedade. O trabalho chamou a atenção do professor de Direito Eurico de Santi, que abordou a questão da cidadania fiscal em *Kafka, alienação e deformidades da legalidade*. Cria-se um círculo vicioso e autista, escreve Santi, "em que a lei é utilizada como instrumento de poder de arrecadação de tributos, mas sem qualquer contrapartida jurídica. Paga-se tributo porque a Constituição autoriza, a lei prescreve e o auto de infração determina: é o império do direito com o obsessivo objetivo de arrecadar".[14]

Como exemplo do fôlego curto do crescimento engendrado pelas instituições extrativistas, Daron Acemoglu e James Robinson citam as experiências comunistas da União Soviética, que se esgotou depois de poucas dezenas de décadas e muitos milhões de mortos, e a da China. "A China vem crescendo rapidamente, mas tal crescimento se dá ainda sob instituições extrativistas, sob o controle do Estado, com parcos indícios de uma transição para instituições políticas inclusivas."[15] O economista Douglass North concorda em gênero, número e grau: "Em prazos curtos é possível para um país colher bons resultados na economia sem o respaldo de um conjunto de instituições de boa qualidade, como exemplificam os casos russo e chinês – mas nunca haverá crescimento econômico sustentado sem isso."[16]

Como o leitor pode perceber, e aqui já se adiantem algumas considerações, os autores mencionados, apesar de trabalharem com a distinção instituições inclusivas e extrativistas, até agora não citaram a importância da participação da sociedade civil para a consolidação das instituições inclusivas. Se, como já ressaltado, torna-se fundamental compreender a democracia a partir da representação e participação da sociedade civil, então seria importante questionar até que ponto o modelo institucional apresentado por esses autores pode realmente contribuir para a análise de desempenho e reestruturação das instituições brasileiras.

Mas vamos voltar um pouco mais na história para tentar compreender o papel das instituições na fase ainda embrionária do capitalismo, tal como apresentado por esses autores. Em *The Rise of the Western World* (A ascensão do mundo ocidental), os economistas Douglass North e Robert Paul Thomas mostram como a Holanda e a Inglaterra superaram as dificuldades impostas pela transição do feudalismo para o capitalismo. Um estudioso de North, Paulo Gala, abordou as ideias do mestre em um artigo para a *Revista de Economia Política* em 2003:

> As instituições criadas no final da Idade Média pelas cidades holandesas e belgas (Bruges, Antuérpia, culminando com Amsterdã) em parte inspiradas em práticas de cidades italianas (Gênova, Veneza e Florença) e na sequência pelas principais cidades inglesas (Londres e Bristol) teriam sido capazes de levar ambos os países a um crescimento econômico

Um caminho para o Brasil

nunca antes experimentado. Em seus termos, as sociedades dessas regiões teriam sido as primeiras a superar as "crises malthusianas", transformando o crescimento populacional em verdadeiro crescimento econômico, e não em crises de empobrecimento.[17]

Depois desse início, as instituições inclusivas evoluíram lentamente com a consolidação das ideias primordiais ou experimentaram saltos de qualidade em momentos únicos da história. Dois desses momentos foram a chamada Revolução Gloriosa, de 1688, e a criação do Banco da Inglaterra, poucos anos mais tarde.

Como se sabe, a Revolução Gloriosa na Inglaterra restringiu o poder do monarca e do Executivo. Mas o que mais interessa para a nossa história é que, ao fazer isso, a Revolução deslocou para o Parlamento as possibilidades de determinar as instituições econômicas. "Ao mesmo tempo", como afirmam Acemoglu e Robinson, ela

> [...] abriu o sistema político para um amplo corte transversal da sociedade, aumentando a parcela da população capaz de exercer considerável influência sobre o funcionamento do Estado. A Revolução Gloriosa foi a pedra angular de uma sociedade pluralista, tendo não só se apoiado, mas também acelerado, um processo de centralização política. Criou o primeiro conjunto de instituições inclusivas no mundo. Por conseguinte, as instituições econômicas também começaram a tornar-se inclusivas. Nem a escravidão, nem as rígidas restrições econômicas do período medieval feudal, como a servidão, existiam na Inglaterra do princípio do século XVII.[18]

Quanto ao Banco da Inglaterra, também provou ser fundamental para financiar a economia nascente. Como relatam os autores de *Por que as nações fracassam,*

[...] embora tivesse havido uma expansão do sistema bancário e financeiro no período que levou à Revolução Gloriosa, o processo seria consolidado com a criação do Banco da Inglaterra em 1694, como fonte de recursos para a indústria – outra consequência direta da referida revolução. No princípio do século XVIII, havia empréstimos disponíveis para quem dispusesse das garantias necessárias.[19]

Após a Revolução Gloriosa,

[...] o governo adotou uma séria de instituições econômicas que ofereciam incentivos ao investimento, comércio e inovação. Os direitos de propriedade, inclusive patentes que concediam direitos sobre ideias, foram assegurados com firmeza, e a lei inglesa passou a valer para todos os cidadãos – algo que não tinha precedentes históricos.[20]

Os resultados concretos não demoraram para começar a aparecer.

Tais fundamentos alteraram de forma decisiva os incentivos dados à população e impeliram os motores da prosperidade, preparando o terreno para a Revolução Industrial. [...] Não é coincidência que a Revolução Industrial tenha iniciado na Inglaterra, poucas décadas após a Revolução Gloriosa.[21]

O que parece fundamental reter sobre a Revolução Industrial é que o fenômeno que teve origem na Inglaterra acabou aumentando drasticamente as desigualdades no mundo, uma vez que só em algumas partes do globo foram adotadas as inovações e as novas tecnologias. "A resposta de cada país à onda de tecnologias, que determinaria quem permaneceria na pobreza e quem alcançaria um crescimento econômico sustentável, foi em grande parte moldada pelos vários rumos históricos de suas respectivas instituições."[22]

Um caminho para o Brasil

A influência da Revolução Industrial foi tão impactante que seus efeitos ainda se fazem sentir.

> A desigualdade existente hoje no mundo se deve ao fato de que, durante os séculos XIX e XX, certos países lograram tirar proveito da Revolução Industrial e das tecnologias e métodos de organização por ela acarretados, ao passo que outros, não. A mudança tecnológica é apenas uma das forças motrizes da prosperidade, mas talvez seja também a mais crítica.[23]

Um país que esteve na contramão do caminho escolhido pela Inglaterra foi a Espanha. Forjada em 1492, pela fusão dos reinos de Castela e Aragão, a Espanha foi palco da exacerbação do absolutismo ao longo do século XVII.

> O projeto de construção e consolidação do absolutismo na Espanha contou com o inestimável auxílio da descoberta de metais preciosos nas Américas. [...] Na época da fusão de Castela e Aragão, a Espanha figurava entre as regiões europeias mais prósperas. A riqueza que enchia os cofres da Coroa, na Espanha, na Inglaterra foi para os bolsos da emergente classe mercante – sobre a qual se ergueria o incipiente dinamismo econômico inglês e que se tornaria o baluarte da coalizão política antiabsolutista. [...] As instituições econômicas extrativistas espanholas foram resultado direto da construção do absolutismo.[24]

Assim, "durante o século XVII, enquanto a Inglaterra avançava rumo à expansão comercial, seguida de uma rápida industrialização, a Espanha entrava em uma espiral de declínio econômico generalizado".[25]

Mas o que, exatamente, teria possibilitado em primeiro lugar a modernização institucional nos países anglo-saxônicos? Não há dúvida de que foi a reação da sociedade à expansão tributária, ou seja, a articulação

A perspectiva institucionalista

e a ação da sociedade civil. O primeiro passo nesse sentido, como vimos, foi a limitação dos poderes da Coroa. Já os países ibéricos seguiram trilhas diferentes. Lá – e isso é fundamental – a tradição absolutista e a falta de uma resistência articulada da sociedade civil, em virtude da fragmentação política, permitiram ao Estado a absorção da esfera privada, que foi moldada de acordo com seus interesses. Como consequência, segundo North, desenvolveu-se nesses países um marco institucional em que as relações pessoais seguiram sendo a chave de grande parte do intercâmbio político e econômico.

> A pauta institucional imposta por Portugal e Espanha às suas colônias seguiu desempenhando um papel fundamental na evolução das políticas desses países. Mesmo após a independência, a centralização e o intercâmbio personalizado continuaram sendo a marca de todas as ex-colônias.[26]

Como será destacado no decorrer do livro, essa forma institucional permeia o modo de pensar e agir de inúmeros atores econômicos, políticos e sociais, podendo ser observada, também, na própria estrutura do BNDES e das agências reguladoras (que vetam a transparência e possuem uma política de distribuição política de cargos, à moda das nossas antigas capitanias hereditárias).

Como se pode perceber, a modernização das instituições anglo-saxônicas, fruto do poder da sociedade civil, é qualitativamente diferenciada das instituições ibéricas, que são caracterizadas pelo vício do patrimonialismo. E esse é um ponto que, paradoxalmente, torna difícil para nós, brasileiros, utilizarmos a perspectiva institucionalista apresentada por Douglass North, que desenvolve uma teoria das instituições e seu impacto sobre a mudança histórica e sobre o desempenho econômico das nações.

North – infelizmente, diga-se – é pouco conhecido no Brasil, pelo menos fora dos meios acadêmicos. Um estudioso do seu trabalho no país é o economista Hélio Afonso Aguilar Filho, que dedicou sua tese

35

de pós-graduação ao institucionalismo de North, associando-o às interpretações weberianas do atraso brasileiro, um tema, aliás, que será mais bem explorado adiante neste capítulo a partir das leituras de Sérgio Buarque de Holanda e Raymundo Faoro, entre outros autores que se debruçaram sobre as diferenças de desenvolvimento no Brasil e nos Estados Unidos, sempre usado como parâmetro de êxito econômico.

Sobre o institucionalismo de North, afirma Aguilar:

> O argumento central é que a organização econômica eficiente foi a chave para o crescimento e que arranjos institucionais, em especial a definição e a especificação dos direitos de propriedade, criaram incentivos para canalizar o esforço econômico em uma direção que tornou a taxa de retorno privado igual à do retorno social. A estrutura política favoreceu aos empresários porque induziu limitações ao despotismo abrindo o campo das oportunidades a mais agentes. As patentes protegeram e incentivaram a invenção.[27]

Existe um fio condutor na obra de North? Sim, diz Aguilar, e esse seria "a busca de um vínculo positivo entre crescimento econômico e liberdade".[28]

O referencial de análise do novo institucionalismo, na perspectiva de Douglass North,

> [...] preserva o arcabouço teórico neoclássico com a adição de importantes conceitos históricos, como a ênfase na matriz institucional e a ideia de *path dependence*.[29] O termo explica os resultados econômicos alcançados como dependendo mais da trajetória prévia do que das condições correntes.[30]

E esse é o motivo pelo qual as teses de North, ainda que interessantes e bem fundamentadas, dificilmente poderiam ter resultado em nosso país. De forma mais clara: a perspectiva institucionalista de North e dos autores mencionados, ao enfatizar a importância da sociedade para a formação das instituições anglo-saxônicas, acaba incorporando esse ativismo da sociedade civil como uma premissa, um pré-requisito das suas próprias instituições. Essa é a razão pela qual o modelo que eles apresentam não coloca em pauta a necessidade da participação da sociedade civil nas instituições. Para eles, isso já aconteceu, é parte constituinte da boa saúde institucional naquele contexto. No entanto – e isso é fundamental –, a *path dependence* brasileira não é em hipótese alguma marcada pela atuação de uma sociedade civil forte. É justamente nosso passado ibérico (não só, evidentemente, mas principalmente) que nos permite questionar o modelo de instituição apresentado por North, de tal forma que a reestruturação institucional aqui defendida deve, precisamente, garantir e realizar a participação da sociedade civil.

Um olhar em retrospecto nos ajudará a compreender melhor essa questão fundamental da participação da sociedade civil, analisando com mais nitidez por que o mundo hoje é como é, ou seja, por que os países ricos são ricos e por que os países pobres são pobres. A melhor resposta quem nos dá é a História. "Países como o Reino Unido e os Estados Unidos", enfatizam Acemoglu e Robinson, "enriqueceram porque seus cidadãos derrubaram as elites que controlavam o poder e criaram uma sociedade em que os direitos políticos eram distribuídos de maneira muito mais ampla, na qual o governo era responsável e tinha de responder aos cidadãos e onde a grande massa da população tinha condições de tirar vantagem das oportunidades econômicas".[31]

Será interessante termos em mente que, no final do século XV, a Inglaterra começou a corrida pela hegemonia do mundo ocidental em franca desvantagem em relação aos países da península ibérica. "Enquanto os espanhóis iniciavam a conquista das Américas na década de 1490, a Inglaterra era uma potência europeia menor que se recuperava dos efeitos devastadores de uma guerra civil, a Guerra das Rosas." Sua colonização da América do Norte foi retardatária. Tanto que tal opção "deveu-se não à atratividade da região, mas ao fato de que era o que estava disponível".[32]

37

Um caminho para o Brasil

Os processos de colonização não poderiam ter sido mais diferentes. Os ingleses logo perceberam que o que havia dado certo para os espanhóis no México não funcionaria com eles mais ao norte. Eram duas culturas muito diferentes entre si. Passados os primeiros anos de colonização, para os ingleses do século XVII, já herdeiros de uma incipiente cultura de instituições inclusivas, "a única opção para uma colônia economicamente viável seria criar instituições que dessem aos colonos incentivos para investir e trabalhar com dedicação".[33] Para os autores de *Por que as nações fracassam*, o corolário não podia ser outro: "Não é coincidência o fato de terem sido os Estados Unidos, e não o México, a adotar e promulgar uma constituição que esposava princípios democráticos, impunha limitação ao uso do poder político e distribuía tal poder pela sociedade de maneira ampla."[34]

A tese de Aguilar vai na mesma linha. "Os processos de emancipação das colônias ibéricas e inglesas tiveram consequências que se projetam até a atualidade", ele afirma.

> De um lado, a cultura política inglesa, baseada na participação e no baixo "protagonismo" do governo em assuntos econômicos das colônias, havia fornecido a prática dos consensos políticos; por outro lado, nas colônias ibéricas, principalmente nas espanholas, o excesso de atribuições econômicas discricionárias das autoridades fomentava a competição entre os grupos políticos e o dissenso.[35]

Percebe-se, uma vez mais, o peso da participação da sociedade civil e os vícios e problemas decorrentes do patrimonialismo.

Vale a pena recuar de novo na história para tentar identificar os elementos determinantes do desenvolvimento econômico e social de algumas nações cujas trajetórias foram coroadas de êxito. Nos Estados Unidos, um desses momentos foi a criação de um sistema de patentes. Surgido primeiro na Inglaterra em 1623, por ação do Parlamento, o sistema de patentes não demorou para cruzar o Atlântico Norte. "O que mais chama a atenção no registro de patentes nos Estados Unidos é o fato de que os autores dos pedidos vinham de todo tipo de extrato sociocultural", observam Acemoglu e Robinson. Muitos americanos fizeram fortuna graças às suas patentes. Talvez o exemplo mais simbólico seja o de Thomas Edison, que emitiu um recorde de 1.093 patentes em seu nome nos Estados Unidos. Edison, o mais popular dos inventores, costumava vender suas patentes, mas talvez ele fosse uma exceção. "O verdadeiro modo de ganhar dinheiro com patentes era fundar seu próprio negócio. Para tanto, porém, era preciso capital – e os bancos que o emprestassem."[36]

Aqui se encontra mais um elemento determinante do sucesso de uma nação: a importância do mercado de capitais para a construção de um futuro próspero e justo, algo que anda de mãos dadas com uma sociedade civil ativa, cumpre ressaltar. Nos Estados Unidos, as instituições econômicas permitiram que esses empreendedores fundassem empresas com facilidade. Elas viabilizaram o financiamento de seus projetos. Além disso, outros elementos conspiraram a favor do desenvolvimento: o mercado de trabalho americano lhes permitiu contratar pessoal qualificado e o ambiente de mercado relativamente competitivo possibilitou que expandissem suas empresas.

> Esses empreendedores tinham convicção, desde o começo, de que os projetos dos seus sonhos tinham condições de ser implementados: confiavam nas instituições e no estado de direito por elas engendrado, e nada tinham a temer em relação à segurança de seus direitos de propriedade. Por fim, as instituições políticas lhes asseguravam estabilidade e continuidade.[37]

Sozinhos, sem o amparo das estruturas institucionais, é possível que mesmo os mais criativos e dinâmicos empreendedores não passassem de um enorme potencial não realizado. De forma clara: cabe ao mercado de capitais servir como arcabouço para a realização dessa potencialidade democrática. "O talento individual é importante em todos os níveis da sociedade, mas mesmo ele requer um arcabouço institucional para converter-se em força positiva", anotam os autores de *Por que as nações fracassam*.[38] E eles deixam clara a preponderância da política sobre a economia. "Por mais vitais que sejam as instituições econômicas para determinar o grau de pobreza ou riqueza de dado país, a política e as instituições políticas é que ditam que instituições econômicas o país terá. Em última instância, as boas instituições econômicas dos Estados Unidos são frutos das instituições políticas que emergiram gradualmente" no século XVII.

> Os poderosos e o restante da sociedade com frequência vão divergir quanto a quais instituições devem permanecer e quais devem ser modificadas. Por não haver tal consenso, as regras que acabam regendo cada sociedade são definidas pela política: quem detém o poder e como esse poder pode ser exercido.[39]

Voltando a enfatizar a diferença entre o papel da sociedade civil nos diversos países, basta observar alguns paralelos históricos para compreender a profundidade do abismo entre o sentido da colonização nos Estados Unidos e no Brasil: a República foi conquistada nos EUA em 1776; no Brasil, ela foi proclamada em 1889; a colonização americana durou 135 anos; a brasileira, 338 anos.[40]

Como demonstrou Vianna Moog em seu clássico estudo comparado sobre o desenvolvimento dos dois países, o *Bandeirantes e pioneiros*, "há desde logo uma fundamental diferença de motivos no povoamento dos dois países: um sentido inicialmente espiritual, orgânico e construtivo na formação norte-americana e um sentido predatório, extrativista e quase só secundariamente religioso na formação brasileira".[41]

A perspectiva institucionalista

Como Vianna Moog escreveu, os primeiros povoadores das colônias inglesas da América não vieram para o Novo Mundo só em busca de riqueza fácil.

> Vieram, isto sim, acossados pela perseguição na pátria de origem, em busca de terras onde pudessem cultuar o seu Deus, ler e interpretar sua Bíblia, trabalhar, ajudarem-se uns aos outros. Ao embarcarem, trazendo consigo todos os haveres, mulheres e filhos, deram as costas para a Europa, para fundar deste lado do Atlântico uma nova pátria, a pátria teocrática dos calvinistas. Não pensavam no regresso. Eram colonizadores e não conquistadores.[42]

> O imigrante aportado às praias do Novo Mundo não quis, desde o começo, ser outra coisa senão americano. Dando as costas à Europa, primeiro por motivos religiosos, depois por motivos econômicos e políticos, trazendo consigo mulher, filhos e haveres, foi logo cortando, apenas o navio largava a prancha, o cordão umbilical que o prendia à pátria de origem. Daquele momento em diante, psicologicamente, se não culturalmente, já não era inglês, mas americano e somente americano.[43]

No Brasil, nota o estudioso, ocorreu em quase tudo o contrário.

> Os portugueses eram todos fiéis vassalos de El-Rei de Portugal. Eram inicialmente conquistadores e não colonizadores, como seriam mais tarde bandeirantes e não pioneiros. Ninguém embarcava com o pensamento de não voltar à pátria lusitana. E ninguém trazia o propósito de enriquecer pela constância no trabalho.[44]

Vianna Moog lembra que, não fossem as incursões dos franceses nas costas do Brasil, pondo em xeque a conquista portuguesa, a Corte

Um caminho para o Brasil

provavelmente não teria dado início tão cedo ao povoamento. E mesmo depois de começar a povoar, o interesse era obter riqueza fácil com a exploração de metais preciosos que se acreditava abundar nas novas terras. "A Corte [estimulava] os colonos a se adentrarem pelo sertão à procura do cobiçado metal. Tais entradas, quando não eram ordenadas pelo governo e custeadas pela fazenda real, eram encorajadas, protegidas e animadas pelas autoridades locais."[45]

As diferenças entre a cultura dos colonizadores ingleses e portugueses ficam claras nos propósitos de cada um deles.

> Enquanto para o português que vem ter ao Brasil – português renascentista, cruzado, e mais, cruzado da fase predatória de assaltos aos castelos mouriscos do que propriamente católico – o trabalho regular vai deixando de ser bênção, para o puritano anglo-saxão só haveria um modo de ser agradável a Deus: trabalhar e acumular riquezas.

Vianna Moog leva adiante a comparação:

> Enquanto o imigrante português, na sua sede de ouro, vem completamente desprevenido de virtudes econômicas, espírito público e vontade de autodeterminação política, os colonos saxões já pressagiam a futura independência norte-americana. Mais do que isso: já pressagiam, com o seu puritanismo, o advento do capitalismo.[46]

Resumindo, "na história da América anglo-saxônica o espírito de colonização prevaleceu sobre o de conquista, enquanto na América Latina se deu precisamente o contrário. Os aventureiros anglo-saxões, depois de algumas tentativas frustradas de exploração predatória, tornavam ao peixe e ao fumo e ao duro trabalho cotidiano".[47]

A influência calvinista nos Estados Unidos foi decisiva para o êxito do projeto de colonização.

A perspectiva institucionalista

> Nem todos os povoadores das colônias anglo-saxônicas da América foram calvinistas. Depois dos calvinistas, e quase simultaneamente com eles, vieram luteranos, wesleyanos, zwinglianos, quacres, judeus, católicos. Acontece, porém, que o acento tônico da vida norte-americana em matéria econômica seria dado, não pelo quacre, nem pelo católico, nem pelo luterano, mas pelo calvinista. Pelo calvinista e, de certa forma, pelo judeu. Entre judeus e calvinistas, concordâncias é que não faltam. No calvinismo, há mais do que influência: há imitação, há identificação. Os puritanos da Nova Inglaterra estavam convencidos de que tinham vindo fundar uma nova Israel. Sentiam-se o povo eleito.[48]

Já no Brasil a perspectiva dos colonizadores foi bem distinta, e isso acabou contaminando nossa sociedade civil (o conjunto de relações entre indivíduos, grupos e classes sociais que se desenvolvem à margem das relações de poder que caracterizam as instituições políticas).[49]

> O português que embarcava para o Novo Mundo não trazia, como o traziam os puritanos da Nova Inglaterra, propósitos de fundar uma nova religião e uma nova pátria. Estava satisfeito e orgulhoso do seu velho Portugal que fulgia. Vinha para o Brasil, sem a mulher e sem os filhos e sem os haveres, em busca de riquezas e de aventuras.[50]

"Os filhos de portugueses nascidos no Brasil eram os mazombos, categoria social à parte, a que ninguém queria pertencer", escreve Vianna Moog.[51] "O mazombo não era pela igualdade política e muito menos pela igualdade social. Era antes, rasgadamente, pelo privilégio, contanto, naturalmente, que o privilégio fosse para ele."[52] Machado de Assis, que tão bem soube captar a alma do brasileiro da virada do Império para a República, rotulou de mazombo o agregado José Dias, personagem de *Dom Casmurro*. Trata-se do "primeiro símbolo histórico completo

43

Um caminho para o Brasil

da malandragem nacional. Lá está o desejo de riqueza rápida e, naturalmente, o desamor a toda espécie de trabalho orgânico. Amante dos superlativos, ele era 'mazombíssimo', o 'símbolo de uma cultura'".[53]

Em sua tese, Aguilar Filho analisa a importância de uma obra que completa seis décadas. "Moog contesta o que era comum à sua época, ou seja, explicar o 'atraso' brasileiro como sendo fonte da descendência portuguesa e de cruzamentos étnicos."[54] A obra dá especial importância à religião como expressão de cultura. "O catolicismo, para Moog, repele o capitalismo. Tanto que o capitalismo é praticamente imposto a Portugal e Espanha pela internacionalização do capital."[55]

Qual o uso que Vianna Moog faz dos conceitos de bandeirantes e pioneiros? Segundo Aguilar Filho,

> [...] as noções de pioneiros para os Estados Unidos e de bandeirantes para o Brasil são tomadas por Moog como tipologias, no sentido empregado pela sociologia weberiana. Como sugerido por Weber, o estabelecimento de tipos ideais não permite pensar que esse recurso esgota a complexidade da realidade envolvida e as múltiplas combinações em termos concretos desses tipos. Mas, no final, houve o predomínio, seja por motivos geográficos, seja por motivos psicológicos, seja pela conjunção dos dois, de um espírito sobre o outro. Nos Estados Unidos, o espírito de colonização prevaleceu sobre o de conquista; na América Latina se deu precisamente o contrário.[56]

A opção pelo bandeirantismo se revelou uma política míope de colonização, que visava apenas aos resultados imediatos.

> A predominância do modelo mental bandeirante garantiu o sucesso inicial da colonização brasileira, alargando as fronteiras e permitindo a adaptação do colonizador europeu às condições inóspitas dos trópicos. Posteriormente, ele limitou o desenvolvimento do país. Isso porque a enorme dispersão

na ocupação do território, fruto dessa mentalidade, teria impossibilitado o país de aproveitar de forma mais rotineira e racional as oportunidades abertas pela Revolução Industrial.[57]

Essa é a razão pela qual Aguilar tenta apreender o desenvolvimento brasileiro aplicando os instrumentos de análise de Douglass North.

> Do ponto de vista da teoria de Douglass North, a explicação provável para o descompasso brasileiro é que, nas condições de não cooperação e oportunismo que esse modelo mental incentivou, os agentes econômicos se empenharam cada vez mais em desenvolver e aptidão para a trapaça e menos para a atividade econômica estável e ordinariamente lucrativa.[58]

Isso, no entanto, não é suficiente para compreender as vicissitudes de nossas instituições. O ponto fundamental, como já destacado, está na ausência de instrumentos que permitam e consolidem uma participação da sociedade civil no interior das instituições, e que acaba tendo como consequência a politização das instituições e a ausência do interesse de fortalecer a sociedade civil como objetivo institucional preponderante. É este déficit democrático que acaba permitindo a consolidação daqueles três riscos mencionados no início deste livro: politização, perda de autonomia e corrupção.

Para se desenvolver com expansão econômica e justiça social, o Brasil teria que apostar em outro rumo. Com diz North, "se um país quer ser produtivo e moderno, ele precisa cada vez mais afastar-se das negociações pessoais e criar mecanismos para que indivíduos que nunca se viram estabeleçam uma relação comercial objetiva".[59] Tal colocação aproxima o estudioso americano de Sérgio Buarque de Holanda, um dos principais intérpretes do Brasil.

Raízes do Brasil, a obra-prima de Buarque de Holanda, data de meados dos anos 1930, um período de transição política. A Primeira República tinha ficado para trás, a ditadura varguista ainda não se instalara

Um caminho para o Brasil

totalmente e a democracia formal era só o sonho remoto de uma parcela da população. Desde a Semana de Arte Moderna, de 1922, quando se combateu a influência lusitana na cultura, intelectuais brasileiros procuravam uma identidade brasileira. O livro de Buarque de Holanda faz parte desse esforço, ao lado de *Casa-grande e senzala*, de Gilberto Freyre. Os dois intérpretes do Brasil, no entanto, têm visões distintas: enquanto Freyre revela nostalgia da influência portuguesa, Buarque de Holanda saúda o fato de que ela começava a ser superada.

Esboçado na Alemanha na virada dos anos 1920, quando o autor lá morou, *Raízes do Brasil* dá pistas de sua influência. Em Berlim, Buarque de Holanda tomou contato com a obra de Max Weber, um dos pais da Sociologia, e adaptou seu método para descrever a realidade brasileira, numa obra que mistura também História, Antropologia e Psicologia Social.

A primeira versão do clássico, um texto apropriadamente intitulado "Corpo e Alma do Brasil", data de 1935, um ano antes de vir a público a primeira edição de *Raízes do Brasil*. Naquele texto, publicado numa revista, já se encontrava o ponto central do livro, a crítica ao "homem cordial", que vem a ser o brasileiro típico que transporta para a vida pública, como vício, as virtudes da vida em família. Os exemplos da cordialidade também já estavam citados nesse artigo. Ele se refere ao "nosso pendor tão acentuado para o emprego de diminutivos", a "tendência para a omissão do nome de família no tratamento social" e o "nosso catolicismo tão característico, que permite tratar os santos com intimidade quase desrespeitosa". *Raízes do Brasil* teve várias revisões e a versão definitiva, que lemos hoje, data de 1947.

Poucos conceitos geraram tamanha confusão no Brasil quanto o de "homem cordial". Logo após a publicação da obra, o escritor Cassiano Ricardo estranhou o uso da expressão. Para ele, a ideia de cordialidade estaria mal aplicada, pois o termo adquirira, pela dinâmica da linguagem, o sentido de polidez – justamente o contrário do que Buarque de Holanda queria dizer. Em resposta, o autor explicou ter usado a palavra em seu verdadeiro sentido, inclusive etimológico, que remete a coração.

46

A perspectiva institucionalista

Seu intento, portanto, era o de opor emoção a razão. A polêmica nem mereceria ser mencionada, não fosse o fato de que até hoje muitas pessoas, ao citar a obra, emprestem ao conceito uma conotação positiva.

Mas quem é, afinal, o homem cordial? Para começar, trata-se de um individualista, que recebeu a herança portuguesa reforçada por traços das culturas negra e indígena. Ele é avesso à hierarquia, não respeita a disciplina, desobedece a regras sociais e se mostra afeito ao paternalismo e ao compadrio. Ou seja, não se trata de um homem que tenha o perfil adequado para viver numa sociedade democrática.

Segundo Buarque de Holanda, "o Estado não é uma ampliação do círculo familiar e, ainda menos, uma integração de certos agrupamentos, de certas vontades particularistas, de que a família é o melhor exemplo", afirma o ensaísta. "Não existe, entre o círculo familiar e o Estado, uma gradação, mas antes uma descontinuidade e até uma oposição."[60] Para o homem cordial, no entanto, há uma conexão natural entre os dois planos.

O ensaísta defendia uma democracia que representasse avanços sociais, algo inexistente na época da publicação do livro. "A ideologia impessoal do liberalismo democrático jamais se naturalizou entre nós", escreveu.

> Só assimilamos efetivamente esses princípios até onde coincidiram com a negação pura e simples de uma autoridade incômoda, confirmando nosso instintivo horror às hierarquias e permitindo tratar com familiaridade os governantes. A democracia no Brasil foi sempre um lamentável mal-entendido. Uma aristocracia rural e semifeudal importou-a e tratou de acomodá-la, onde fosse possível, aos seus direitos ou privilégios, os mesmos privilégios que tinham sido, no Velho Mundo, o alvo da luta da burguesia contra os aristocratas. E assim puderam incorporar à situação tradicional, ao menos como fachada ou decoração externa, alguns lemas que pareciam os mais acertados para a época e eram exaltados nos

47

Um caminho para o Brasil

livros e discursos. É curioso notar que os movimentos aparentemente reformadores, no Brasil, partiram quase sempre de cima para baixo: foram de inspiração intelectual, se assim se pode dizer, tanto quanto sentimental.[61]

Aguilar Filho faz, em sua tese, uma leitura atenta de *Raízes do Brasil*:

> Segue da cultura da personalidade do ibérico, a dificuldade, segundo Sérgio Buarque, que estes povos têm de obter coesão social. A solidariedade existe apenas onde há vinculação de sentimento, mais do que relações de interesse. O personalismo é o caso mais remoto disto, de onde provém a frouxidão de suas instituições. Nas nações ibéricas, na ausência do tipo de racionalidade própria dos países protestantes, o princípio unificador teria sido representado pelo governo.[62]

Perceba-se, uma vez mais, como essas opções são construídas em detrimento de alternativas que fortalecessem a sociedade civil.

E quais as consequências dos valores patriarcais sobre a sociedade? Na realidade, elas foram sentidas na própria constituição do Estado brasileiro.

> Para muitos, o Estado se constitui numa ampliação do círculo familiar, num agrupamento de vontades particularistas. Esta interpretação, para Sérgio Buarque, é um equívoco, pois não existe entre o círculo familiar e o Estado uma gradação, mas antes a descontinuidade e até oposição. O Estado para nascer precisou transgredir a ordem doméstica e familiar.[63]

Além disso, o modo de vida remanescente do passado rural corrompeu as instituições impessoais e democráticas, fundadas em princípios neutros e abstratos. Francisco Antônio Dória, autor de *Os herdeiros do poder*, estudou a transmissão do poder das famílias ao longo dos séculos no Brasil e em Portugal e confirmou a tese de Buarque de Holanda. Em artigo recente publicado na imprensa, ele diz que, de acordo com a tradição portuguesa, as famílias sempre monopolizaram cargos públicos, loteando-os entre parentes e protegidos. No século XV, ele exemplifica, uma família de origem espanhola – os Lucenas – aparece no topo da burocracia portuguesa: Rodrigo de Lucena sucede a um parente, Afonso Madeira, no cargo de físico-mor do reino, que vinha ser o ministro da saúde e médico do rei. Seus descendentes serão desembargadores e altos funcionários da Coroa, até o século XVII.

Escreve Dória:

> No Brasil, o nepotismo vem do século XVI. [...] A alcaidaria-mor de Salvador (o alcaide-mor era um prefeito com funções militares) fica praticamente hereditária na família Moniz Barreto nos séculos XVI e XVII. As Câmaras de Vereadores eram também monopolizadas por grupos familiares de prestígio: no século XVII cerca de dez famílias se sucedem no controle da Câmara de Salvador; no século XVIII mudam as famílias, mas permanece o sistema de controle.[64]

Outro autor weberiano que teve grande influência na compreensão do desenvolvimento do Brasil foi Raymundo Faoro, autor de *Os donos do poder*, que também procurou demonstrar as relações entre a fraqueza de nossa sociedade civil e nosso legado ibérico. Escrito nos anos 1950 e publicado pela primeira vez em 1958, o livro só passaria a ter importância a partir de 1975, quando sai uma segunda edição com considerável acréscimo.

A tese principal da obra é que a história brasileira é marcada de forma indelével pela dominação patrimonial, transposta de Portugal durante o processo de colonização. Para chegar a essa conclusão, Faoro revisita a história de Portugal, desde os tempos medievais, ainda na formação da monarquia portuguesa, e estica a narrativa até meados do século XX no Brasil.

Um caminho para o Brasil

O autor contesta a visão, em voga quando o livro foi lançado, de que teria havido no Brasil um resquício de feudalismo, presente nos latifúndios. Bem, o leitor deve estar se perguntando, a esta altura, qual a relevância para o Brasil de hoje de o país ter ou não passado pelo fenômeno do feudalismo. A resposta é que o feudalismo, nos países em que o regime existiu, teria induzido o desenvolvimento do capitalismo manufatureiro e depois industrial. Mas em Portugal não foi isso o que aconteceu. O rei, ainda no século XIII, teria submetido o clero e a nobreza, eliminando qualquer possibilidade de o feudalismo florescer.

Sem o feudalismo nos países ibéricos – e, portanto, sem o feudalismo em suas colônias – não teria sido possível a Portugal e Espanha, assim como a América Latina, desenvolver um capitalismo economicamente orientado. Ao contrário, a lacuna do feudalismo levou a um capitalismo politicamente orientado, centrado, não na indústria, mas no comércio. Esse processo, segundo Faoro, teria sido conduzido pelo estamento político, um conceito-chave em sua obra.

Nesse tipo de capitalismo, é a comunidade política que comanda, conduz e supervisiona os negócios públicos, com total desprezo pela sociedade civil. Essa é a camada da população que constitui o estamento. Ela é formada por indivíduos que aspiram aos privilégios concebidos pelo grupo. O estamento, implantado na realidade estatal do patrimonialismo, não deve ser confundido com a elite. Na história do Brasil, o estamento situa-se acima das classes sociais. Com a interferência do estamento, o ramo civil da administração ganha feição estatal e mercantilista.

Voltando aos primórdios da monarquia portuguesa, o Estado torna-se "uma empresa do príncipe", na expressão de Faoro. Estão aí "as bases do capitalismo de Estado, politicamente condicionado, que florescia ideologicamente no mercantilismo". É a "armadura mental" desse capitalismo de Estado que sufoca a burguesia. Prevalece a Coroa. "A camada dirigente, com o rei em primeiro plano, [...] deverá ao comércio seu papel de comando, sua supremacia." Tal estrutura patrimonial, segundo Faoro,

50

A perspectiva institucionalista

permitirá a expansão do capitalismo comercial, mas impedirá o capitalismo industrial. "Quando o capitalismo brotar, quebrando com violência a casca exterior do feudalismo, que o prepara no artesanato, não encontrará, no patrimonialismo, as condições propícias de desenvolvimento."[65]

Nessa situação, "a atividade industrial, quando emerge, decorre de estímulos, favores, privilégios, sem que a empresa individual, baseada racionalmente no cálculo, incólume às intervenções governamentais, ganhe incremento autônomo". Para Faoro, "daí se geram as consequências econômicas e efeitos políticos, que se prolongam no século XX". O autor é taxativo em sua conclusão:

> Os países resolvidos pelo feudalismo, só eles, na Europa e na Ásia, expandiram uma economia capitalista, de molde industrial. A Inglaterra, com seus prolongamentos dos Estados Unidos, Canadá e Austrália, a França, a Alemanha e o Japão lograram, por caminhos diferentes, mas sob o mesmo fundamento, desenvolver e adotar o sistema capitalista, integrando nele a sociedade e o Estado.[66]

E quanto a Portugal e Espanha? Faoro responde: "A península ibérica, com suas florações coloniais, os demais países desprovidos de raízes feudais, inclusive os do mundo antigo, não conheceram relações capitalistas, na sua expressão industrial".[67] Esse vício de origem, por assim dizer, teria retardado a largada dos países da América rumo ao capitalismo industrial, também na visão de Douglass North. Nesses países,

> [...] as instituições eram frágeis demais para criar uma engrenagem positiva que empurrasse a economia. México, Brasil e Argentina sempre tiveram recursos naturais suficientes para se tornar nações ricas. O atraso institucional deixou esses países para trás. Há uma relação direta entre as instituições existentes nas metrópoles e o tipo de desenvolvimento que as colônias tiveram nesse campo.

51

Um caminho para o Brasil

North continua, em linha com o pensamento de Faoro:

> Os países da América Latina importaram seu modelo de Portugal e da Espanha e por isso largaram em desvantagem. A península ibérica colecionava instituições ineficientes. Já os americanos foram fartamente influenciados pela Inglaterra e, sob a carga genética das instituições inglesas, tiveram como fonte um sistema bem mais moderno. O estamento por sua natureza não se renova, mas vive e se perpetua com o cunho de seu estilo de vida. O estamento se constitui em governo de uma minoria sobre muitos, privilegiando o particularismo e a desigualdade.[68]

Ou seja, é justamente essa diferença de amplitude e força da sociedade civil que diferencia qualitativamente as instituições anglo-saxônicas e latinas. É essa a herança perversa do patrimonialismo. "Sua legitimidade está assentada na tradição. No caso do Brasil, algumas vezes a chefia tem assumido caráter patriarcal, identificável no mando do fazendeiro, do senhor de engenho e dos coronéis."[69]

> No primeiro estágio do domínio patrimonial, os grupos que detinham o poder se apropriaram das oportunidades econômicas, das concessões, dos cargos, através da confusão entre o setor público e o privado. Com o desenvolvimento da estrutura política característica da formação dos Estados nacionais, aparecerem as competências fixas e a divisão de poderes, ocasionando, assim, a separação do setor fiscal do pessoal. Operou-se então uma passagem do patrimonialismo pessoal em patrimonialismo estatal, adotando o mercantilismo como técnica de operação da economia.[70]

Ora, com a dominação do patrimonialismo, impera a ordem burocrática sob o peso do Estado que dirige a sociedade. Assim, segundo Faoro, "impede-se a autonomia da empresa, anulando as esferas das liberdades públicas fundadas sobre as liberdades econômicas, a saber, livre contrato, livre concorrência e livre profissão, postas, todas elas, aos monopólios e concessões régias."[71]

Para Aguilar Filho, a especificidade do caso português-brasileiro está na compatibilidade do patrimonialismo com o capitalismo moderno. O estudioso volta ao texto do jurista gaúcho para enfatizar a diferença entre países que passaram e não passaram pelo feudalismo:

> Entende Faoro que somente aqueles países que tiveram um período feudal, na Europa e na Ásia, expandiram uma economia capitalista de molde industrial. No caso da Inglaterra, a passagem pelo feudalismo permitiu a vinculação, através de relações contratuais, entre soberanos e súditos, que ditaram os limites ao príncipe, o que assegurou aos súditos o direito de resistência quando ultrapassadas as fronteiras de comando. O estado português, entretanto, era patrimonial e não feudal, com direção pré-traçada no direito romano, bebido das fontes eclesiásticas.[72]

Em sua tese, Aguilar explica por que, na interpretação de Faoro, um sistema tipo patrimonial, apesar de levar à estabilidade da economia, desenvolvendo as relações comerciais, não permite o desenvolvimento do capitalismo industrial em suas bases racionais.

> Porque o Estado não assume o papel de fiador e mantenedor de uma ordem jurídica impessoal e universal, que possibilite aos agentes econômicos a calculabilidade de suas ações e o livre desenvolvimento de suas potencialidades. Ao contrário, o Estado intervém planejando e dirigindo o mais que pode a economia. Tudo é tarefa do governo, tutelando os indivíduos. Em síntese, a estrutura patrimonial trazida

Um caminho para o Brasil

por Portugal teria moldado a colonização e o posterior desenvolvimento da sociedade brasileira.[73]

Tudo isso permitiu um contexto de corrupção presente até hoje e o sufocamento da sociedade civil.

Como já observado, o patrimonialismo português permitiu o desenvolvimento do comércio, mas freou o capitalismo industrial, reduzindo a burguesia ao papel de intermediária entre as nações. No Brasil colônia, a atividade mais lucrativa dependia da licença do rei, com o capitão e o governador representando seus poderes.

> Ao rei, de acordo com seu poder centralizador, cabia distribuir a competência pública. Os donatários escolhidos estavam próximos do trono, burocratas e militares, letrados, enfim a pequena nobreza em busca de glória e riqueza. Diz-se que os navios que trouxeram os donatários e os colonos não trouxeram um povo que transmigra, mas uma estrutura administrativa de uma empresa comercial.[74]

Não é demais enfatizar que nos Estados Unidos, ao contrário, o Estado teve um papel periférico na colonização. Na terra distante, os colonos reproduziram a cultura da terra pátria. "Os ingleses emigrados formaram sua própria organização política e administrativa, e com suas tradições de *self-government* e de respeito às liberdades públicas construíram suas instituições",[75] o que demonstra uma vez mais a força da sociedade civil nesse país. Resume Faoro:

> O inglês fundou na América uma pátria, o português um prolongamento do Estado. A Inglaterra, hostil à centralização, vencida a transação do feudalismo com o capitalismo, repeliu o paternal guarda-chuva real. Os dissidentes da ortodoxia religiosa, desde os primeiros passos nas praias americanas, respiraram o ar da liberdade contra injunções políticas

da metrópole. [...] Portugal, na era seiscentista, estava sufocado pelo Estado absoluto, centralizador, armado de um estamento que consolidava a supremacia e o controle da realeza em todos os negócios, empresas, aventuras e planos.[76]

Não espanta, portanto, que no primeiro século da história brasileira, o futuro país tivesse sido moldado e construído com decretos, alvarás e ordens régias, um vício que a República não chegou a corrigir e que, em menor escala, ainda podemos identificar nos dias de hoje. Na realidade, é uma situação que diz respeito a toda a América Latina. Para North,

> [...] nos países da América Latina prevalece desde os tempos coloniais forte tendência à personalização das relações comerciais entre indivíduos. Persiste a informalidade nos negócios. Trata-se de uma questão cultural que dificulta até hoje a construção de um conjunto institucional baseado na objetividade capitalista.[77]

A vigência desse estado mental personalista entre nós pode ser um obstáculo, mas não é intransponível. Não devemos entender a história de séculos atrás como destino. Aceitar isso seria cair na armadilha fatalista. Nesse caso, não haveria mais o que fazer, já que o passado estaria nos condenando de antemão. Por isso é importante elencar que toda ordem social é construída, isto é, possível de ser alterada.

Desde a redemocratização, em 1985, pode-se observar avanços no âmbito econômico e social. No entanto, não podemos esquecer do fio condutor que guia essas reflexões. Se, por um lado, foi enfatizado que pode ser extremamente oportuno observar o déficit democrático de nossas instituições pelas lentes de um modelo de democracia integral, unindo representação e participação na forma de conselhos deliberativos, por outro, não há dúvidas de que a história de nosso país está intimamente relacionada com a atrofia da sociedade civil. Esse é um paradoxo que só pode ser produtivamente resolvido buscando formas de democratização do tecido social, tal como colocado no início do livro, isto é, inserindo a lógica da representação e participação no interior de estruturas institucionais ainda fortemente marcadas pela hierarquia burocrática e pela politização das indicações.

Para tanto, não se pode repetir o erro histórico de buscar a mudança com modelos de outros países. Não é possível incorporar acriticamente propostas teóricas, nem tacitamente copiar formas institucionais de outros contextos. Existe uma especificidade que nos é própria, e o caminho para avançar em direção à governabilidade democrática deve ser desenvolvido a partir de um diagnóstico inerente à nossa realidade. O modelo institucional apresentado por North e outros autores, ainda que formidável para os países anglo-saxônicos, tem como premissa uma sociedade civil forte. Esse é o ponto de partida deles, não o nosso. Por isso, não podemos estruturar democraticamente nossas instituições de tal forma que elas continuem excluindo a participação do público. Pelo contrário, precisamos conjuntamente procurar alternativas organizacionais que propiciem um espaço para a participação da sociedade civil, juntamente com outros órgãos especializados.

NOTAS

[1] Daron Acemoglu e James Robinson, *Por que as nações fracassam*, Rio de Janeiro, Elsevier, 2012, pp. 38-9.
[2] Idem, p. 44.
[3] Idem, p. 45.
[4] Idem, p. 45.
[5] Idem, p. 47.
[6] Douglass North, entrevista à revista *Veja*, n. 1.830, 26/11/2003.
[7] Daron Acemoglu e James Robinson, *Por que as nações fracassam*, Rio de Janeiro, Elsevier, 2012, p. 49.
[8] Idem, pp. 50-1.
[9] Idem p. 59.
[10] Idem.
[11] Idem, p. 63.
[12] Idem, p. 63.
[13] Idem, p. 63.
[14] Eurico de Santi, *Kafka, alienação e deformidades da legalidade*, São Paulo, Editora Revista dos Tribunais, 2014, p. 238.
[15] Daron Acemoglu e James Robinson, *Por que as nações fracassam*, Rio de Janeiro, Elsevier, 2012, p. 73.
[16] Douglass North, entrevista à revista *Veja*, n. 1.830, 26/11/2003.

A perspectiva institucionalista

[17] Paulo Gala, "A Teoria Institucional de Douglass North", *Revista de Economia Política*, São Paulo, Editora 34, 2003, p. 91.

[18] Daron Acemoglu e James Robinson, *Por que as nações fracassam*, Rio de Janeiro, Elsevier, 2012, p. 80.

[19] Idem, p. 153.

[20] Idem, p. 81.

[21] Idem.

[22] Idem, p. 82.

[23] Idem, p. 210.

[24] Idem, pp. 170-1.

[25] Idem, p. 172.

[26] Hélio Afonso Aguilar Filho, *O institucionalismo de Douglass North e as interpretações weberianas do atraso brasileiro*, tese de pós-graduação (UFRGS), 2009, p. 104.

[27] Idem, p. 83.

[28] Idem p. 85.

[29] Esta expressão significa que os problemas e desafios de uma instituição são consequência do seu histórico institucional, ou seja, enfatiza-se o próprio passado da instituição, e não elementos externos.

[30] Hélio Afonso Aguilar Filho, *O institucionalismo de Douglass North e as interpretações weberianas do atraso brasileiro*, tese de pós-graduação (UFRGS), 2009,p. 12.

[31] Daron Acemoglu e James Robinson, *Por que as nações fracassam*, Rio de Janeiro, Elvesier, 2012, p. 3.

[32] Idem, p. 14.

[33] Idem, p. 18.

[34] Idem, p. 21.

[35] Hélio Afonso Aguilar Filho, *O institucionalismo de Douglass North e as interpretações weberianas do atraso brasileiro*, tese de pós-graduação (UFRGS), 2009, p. 105.

[36] Daron Acemoglu e James Robinson, *Por que as nações fracassam*, Rio de Janeiro, Elvesier, 2012, pp. 24-5.

[37] Idem, pp. 32-3.

[38] Idem, p. 32.

[39] Idem, p. 33.

[40] Inúmeras outras diferenças são analisadas por Ricardo Lessa em *Brasil e Estados Unidos: o que fez a diferença*, Rio de Janeiro, Civilização Brasileira, 2008, p. 151.

[41] Vianna Moog, *Bandeirantes e pioneiros*, Rio de Janeiro, Civilização Brasileira, 1969, pp. 103-4.

[42] Idem, pp. 103-4.

[43] Idem, pp. 116-7.

[44] Idem, pp. 103-4.

[45] Idem, p. 106.

[46] Idem, pp. 107-8.

[47] Idem, p. 109.

[48] Idem, p. 110.

[49] Norberto Bobbio, Nicola Matteucci e Gianfranco Pasquino (orgs.), *Dicionário de política*, 12. ed., Brasília, Editora Universidade de Brasília, 2004, p. 1.210.

[50] Vianna Moog, *Bandeirantes e pioneiros*, Rio de Janeiro, Civilização Brasileira, 1969, p. 117.

[51] Idem, pp. 116-7.

[52] Idem, p. 124.

[53] Idem, pp. 244-50.

[54] Hélio Afonso Aguilar Filho, *O institucionalismo de Douglass North e as interpretações weberianas do atraso brasileiro*, tese de pós-graduação (UFRGS), 2009, p. 138.

[55] Idem, p. 144.

[56] Idem, p. 147.

[57] Idem, p. 154.

[58] Idem, p. 154.

[59] Douglass North, entrevista à revista *Veja*, n. 1.830, 26/11/2003.

[60] Sérgio Buarque de Holanda, *Raízes do Brasil*, São Paulo, Companhia das Letras, 1995, p. 141.

[61] Idem, p. 160.

Um caminho para o Brasil

[62] Hélio Afonso Aguilar Filho, *O institucionalismo de Douglass North e as interpretações weberianas do atraso brasileiro*, tese de pós-graduação (UFRGS), 2009, p. 114.

[63] Idem, p. 122.

[64] Francisco Antônio Dória, "Domínio familiar da política é tradição que vem de Portugal", *O Estado de S. Paulo*, 20/9/2014.

[65] Raymundo Faoro, *Os donos do poder*, São Paulo, Globo, 2012, p. 21.

[66] Idem, p. 22.

[67] Idem, p. 22.

[68] Douglass North, entrevista à revista *Veja*, n. 1.830, 26/11/2003.

[69] Hélio Afonso Aguilar Filho, *O institucionalismo de Douglass North e as interpretações weberianas do atraso brasileiro*, tese de pós-graduação (UFRGS), 2009, p. 165.

[70] Idem.

[71] Raymundo Faoro, *Os donos do poder*, São Paulo, Globo, 2012, p. 18.

[72] Hélio Afonso Aguilar Filho, *O institucionalismo de Douglass North e as interpretações weberianas do atraso brasileiro*, tese de pós-graduação (UFRGS), 2009, p. 166.

[73] Idem, p. 167.

[74] Idem, p. 170.

[75] Idem, p. 171.

[76] Raymundo Faoro, *Os donos do poder*, São Paulo, Globo, p. 122.

[77] Douglass North, entrevista à revista *Veja*, n. 1.830, 26/11/2003.

O que falta para o Brasil dar certo

Após essas reflexões, não resta dúvida de que o que falta para o Brasil dar certo é a reestruturação de suas instituições políticas e econômicas. Ainda que elas venham melhorando ao longo das últimas décadas, seu modelo de estruturação foi importado e não dá vazão ao núcleo teórico apresentado. É preciso questionar a tese de que nossas instituições funcionam. Mais adequado seria dizer que, conjunturalmente, em um momento específico, observamos atuações primorosas. Mas estruturalmente, ao analisar as formas de deliberação, a interferência política nas indicações e decisões, o jogo de poder oculto que direciona as ações, percebe-se quão nefasta é a presença ibérica na formação de nossas instituições, e como elas sempre tiveram verdadeira aversão à participação da sociedade civil. É necessário um novo modelo de igualdade, uma nova base teórica para construir um debate sobre como planejar e usar as instituições.

Essa igualdade é a igualdade de oportunidades, não só no sentido econômico, mas principalmente em seu sentido de participação.

Um caminho para o Brasil

Igualdade de oportunidade enquanto possibilidade de participação, fortalecimento da cidadania e criação de mecanismos de representação e deliberação para a sociedade civil. Sem ela, não será possível construir instituições fortes que fornecerão os pilares sólidos sobre os quais o Brasil há de erguer uma sociedade mais dinâmica, próspera e justa. Instituições fortes e saudáveis com poder de transformar a sociedade pela própria sociedade são, em síntese, o que falta para o Brasil dar certo.

É importante enfatizar: história não é destino. É necessário, sim, conhecer nosso passado. Mas não para concluir que fatos ocorridos séculos atrás têm o poder de determinar nosso futuro. O país do jeitinho, dos estamentos, da influência ibérica só tem influência em nosso futuro por ter se amalgamado à nossa cultura, por ter asfixiado significativamente nossa sociedade civil, por ter dificultado a construção de uma cultura democrática de participação da sociedade civil. Mas a cultura, ao contrário da história, sofre contínuas alterações. Chegou a hora de promover uma revolução cultural pela participação da sociedade civil em nossas instituições. É fundamental investir, por exemplo, na criação de *think tanks*, ONGs. Ambas são instâncias capazes de assumir um papel complementar ao do Estado, fornecendo indicações de políticas públicas e funcionando como um fator de coesão social. Mas nada disso pode efetivamente ajudar se as instituições não forem reestruturadas de tal forma que possibilitem a representação e a participação da sociedade civil em suas deliberações de vital importância para o público, e se o fortalecimento da sociedade não for alçado à posição de objetivo institucional preponderante.

Continuarmos burocráticos e patrimonialistas, dependentes do Estado, a esperar que o governo resolva nossos problemas não é uma opção democrática, razão pela qual é urgente a necessidade de se iniciar um debate sobre como mudar a situação vigente.

Não resta dúvida de que o Brasil pode ter uma sociedade civil forte. Basta observar a sociedade civil que foi às ruas em junho de 2013, em 2015 e 2016, para reivindicar combate à corrupção, educação pública

O que falta para o Brasil dar certo

de melhor qualidade, transporte urbano mais barato e adequado às necessidades dos cidadãos, dignidade para doentes, entre tantos outros pontos de uma pauta extensa. Essa sociedade civil é a mesma que se articulou no fim da Ditadura para lutar pela democracia, pelo direito de votar para presidente. Aqui está a exacerbação do "poder é agir conjunto" que Hannah Arendt tanto enfatizava.

O que falta, agora, é canalizar essa energia social para fazer girar o moinho das nossas instituições, a partir da sociedade civil (o conjunto de relações entre indivíduos, grupos e classes sociais que se desenvolvem à margem das relações de poder que caracterizam as instituições políticas).[1] Apesar de nossas origens históricas, conquistamos uma democracia representativa, construímos o arcabouço para uma sociedade civil robusta, implantamos um capitalismo competitivo. O próximo passo é aprimorar tudo isso com a inserção de mecanismos de participação da sociedade civil nas estruturas institucionais. Esse é o núcleo teórico a partir do qual podemos pavimentar uma ponte para o futuro, e essa será a premissa para analisarmos o BNDES e as agências reguladoras.

NOTA

[1] Norberto Bobbio, Nicola Matteucci e Gianfranco Pasquino (orgs.), *Dicionário de política*, 12. ed., Brasília, Editora Universidade de Brasília, 2004, p. 1.210.

PARTE II
O DÉFICIT DEMOCRÁTICO DO BNDES

Em meio a tantos escândalos em nosso noticiário, muitos dos quais relacionados ao BNDES, é de conhecimento comum que seus investimentos representam uma vergonha para este país. Essa constatação, no entanto, precisa ser objeto de reflexão. Se a atual prática política em torno do BNDES vem contribuindo para que suas ações sejam cada vez mais questionadas, a atitude diante disso poderia levar em consideração as causas que levaram à cooptação política do banco, questionando então que outro caminho poderia ser construído para que o BNDES pudesse de fato contribuir para o desenvolvimento econômico e social do país.

Para tanto seria necessário questionar: para que serve o BNDES? Tradicionalmente, ele vem sendo visto como um banco econômico. No entanto, para respondermos à primeira pergunta é necessário observá-lo como uma instituição. Uma vez que o referido banco seria responsável pelo desenvolvimento econômico e social do país, como então compreender a articulação entre BNDES e democracia? Esse raciocínio permite precisar um pouco mais a indagação inicial, aparando as arestas daquela que

Um caminho para o Brasil

parece ser a questão-chave deste livro: qual é, então, a função democrática do BNDES enquanto instituição e como esta construção teórica pode ser *praticada*?

Aqui é preciso, uma vez mais, diferenciar o que se considera democracia daqueles interesses políticos que não são necessariamente democráticos. Assim, por democracia entende-se, como dizia Bobbio, o governo público em público, isto é, a articulação produtiva entre acesso, visibilidade e transparência, fundamentais para que as instituições possam ser a base da construção de uma sociedade mais igualitária. Isso significa compreender nossas instituições sociais *a partir* dos ideais democráticos destacados, notadamente, aquele referente à necessidade de participação da sociedade civil nas instituições como forma de fortalecimento da democracia representativa. A partir dessa formulação, podemos compreender melhor a pergunta formulada no parágrafo anterior: se o BNDES é uma das instituições mais importantes para o desenvolvimento econômico e social, então devemos questionar até que ponto sua estrutura está permeada pelos valores de transparência, visibilidade e acesso.

A resposta evidentemente é: não há atualmente qualquer vínculo democrático nas estruturas do BNDES: em que pese a sociedade civil ser a principal fonte de arrecadação do banco, ela definitivamente não é prestigiada, pois além de não receber o retorno econômico e social prometidos, ela encontra-se desprovida de meios democráticos para exercer o controle público sobre a referida instituição. Se a sociedade civil (o conjunto de relações entre indivíduos, grupos e classes sociais que se desenvolvem à margem das relações de poder que caracterizam as instituições políticas)[1] não participa dos processos deliberativos, como saber o que o BNDES realmente faz? Quais critérios orientam a seleção de financiamento? Quem controla os controladores?

A solução democrática dessas questões só pode estar no afastamento da esfera do segredo que hoje serve como propulsor das atividades do BNDES, permitindo que essa instituição seja inclusiva ao garantir a discussão e a participação pública sobre as metas a serem perseguidas,

O déficit democrático do BNDES

de tal forma que a sociedade civil possa participar, por exemplo, de seu comitê de orçamento.

É em razão desses déficits que parece ser oportuno dizer que esse banco vem atuando como instrumento de poder não democrático, como os jornais incansavelmente noticiam. Ora, o BNDES não só não é aberto à sociedade civil, como também a enlaça e oculta informações referentes ao endereçamento dos recursos públicos. Ou seja, não há visibilidade e transparência, muito menos acesso, o que dificulta a observação da função democrática dessa instituição que poderia contribuir, como também dizia Bobbio,[2] para a efetivação das promessas não cumpridas da democracia, notadamente, aquela referente à visibilidade do poder. Consequentemente, o aspecto de legitimidade do BNDES parece cada vez mais fragmentado, e isso porque o banco, que poderia ter sido capaz de empreender uma verdadeira revolução cultural dos valores, tal como destacado na primeira parte deste livro, acabou incorporando em suas estruturas o sentido da colonização ibérica, tornando-se míope às reivindicações democráticas e buscando somente uma pseudomodernização econômica enlaçada pelo Estado.

No entanto, isso não significa que o BNDES atue ilegalmente. É razoável supor que suas ações e deliberações são pautadas pelo respeito à lei. Mas isso não quer dizer que essas ações possam ser consideradas legítimas, isto é, que respeitem os requisitos do diálogo e acesso, fundamentais para o exercício democrático de uma instituição que se vale do dinheiro do contribuinte.

Dito isso, é importante destacar a falta de análises sobre as relações entre crescimento econômico e desenvolvimento social. O BNDES, em seu discurso oficial, articula dois componentes sem perceber que o crescimento econômico não leva necessariamente ao desenvolvimento econômico-político-social. Esse é mais um déficit atual das análises que costumeiramente são feitas sobre o banco. Pode parecer natural que aqueles que escrevem e discutem sobre o BNDES desenvolvam, sempre e cada vez mais, análises *econômicas* do tema. Uma enxurrada de números, tabelas, gráficos comparativos e todos os mecanismos contábeis necessários enfileiram-se prontos para questionar que *economicamente* um determinado aspecto não é viável, que *pragmaticamente* os desenvolvimentos analisados não são sustentáveis e que, no final da conta (que nunca fecha), existem mais *perdas* do que *ganhos*. Ou seja: insere-se uma *instituição social* em uma linguagem econômica que, longe de contribuir para a análise dos diversos significados que o BNDES poderia ter, aprisiona a temática num profundo economicismo. Por isso compreendemos a instituição desde uma perspectiva social, isto é, enquanto busca pelo consenso acerca dos fins e dos critérios institucionais através do diálogo e da participação, e não somente como instituição formal, isto é, abarcada pela legalidade. Daí a preocupação constante de questionar a legitimidade da legalidade.

Nesse contexto, é oportuno aprofundar aquela constatação inicial: a atual estrutura político-social desse banco faz com que os objetivos *oficiais* declarados de contribuir para acelerar o desenvolvimento econômico e social sejam transformados em objetivos reais de fortalecimento do Estado, principalmente de um partido político. Em outras palavras: o BNDES contribui, hoje, para o fortalecimento da partidocracia por meio de contínuos enlaçamentos à sociedade, intensificando a dependência social frente ao Estado em detrimento da autonomia daquilo que um dia foi considerado sociedade *civil*.

É para este sentido (ibérico) de *modernização* do Brasil que o BNDES atual contribui: Estado forte que deveria garantir o progresso social, político e ético, sem espaço para a reflexão referente ao papel da cidadania neste cenário. No entanto, como bem insistia Hannah Arendt, precisamos reivindicar a articulação entre pensar e agir. E aqui entra em cena um outro BNDES, ainda possível. Como já destacado, essa instituição poderia *ter praticado* uma verdadeira mudança dos valores sociais atrelados àquela concepção de modernização no interior dos muros do Estado. Isto é, uma vez destacado o contexto mencionado, o *diagnóstico* conjuntural descrito possibilitaria uma *efetiva alteração* da realidade, tal como receitava Antonio Gramsci, fazendo com que esse "aclamado" banco fosse um verdadeiro catalisador de uma revolução silenciosa dos valores culturais. O BNDES poderia ter rompido com o sentido da colonização ibérica, auxiliando a sociedade civil a emancipar-se do Estado, favorecendo uma mudança cultural do empresário brasileiro, historicamente laçado (para não dizer preso) às amarras estatais.

O BNDES perdeu a oportunidade de ser um celeiro de lideranças empresariais nacionais, *ao mesmo tempo* que se desvirtuou dos objetivos sociais *oficialmente* propagandeados, fortalecendo assim os valores de submissão ao poder estatal. Se por um lado as análises feitas no decorrer do livro demonstram como a *seletividade* do BNDES afasta-o do *discurso* de suposta legitimidade, servindo muito mais para fins políticos de agigantamento estatal, por outro é importante apresentar desde logo ao leitor uma alternativa para esse obscuro cenário.

E é aqui que se faz necessário expor um exemplo da falta de relação de reciprocidade entre instituição e sociedade civil, e como isso pode ser prejudicial. Trata-se de apresentar, como será feito, a relação entre BNDES e mercado de capitais, de tal forma que o fortalecimento deste seja incluído como objetivo do banco, isto é, como objetivo que proporcionaria um fortalecimento da sociedade civil. Uma vez que a sociedade civil não deve ser compreendida como algo contraposto ao Estado, já que este é um desenvolvimento daquela, entende-se que investir no mercado de capitais é uma maneira de, ao permitir um maior controle *social* da empresa, estimular justamente o fortalecimento da civilidade, permitindo a inclusão social dos trabalhadores para que eles possam usufruir dos frutos do desenvolvimento econômico, isto é, fazendo com que a sociedade civil seja protagonista da exigência de transparência essencial à democracia, como defendia Norberto Bobbio.

Aqui está a *função transformadora do mercado de capitais*: tornar empresas eficientes, visíveis e transparentes, uma vez que os acionistas controlariam as empresas, favorecendo assim a dimensão pública desse controle. Se desenvolver o mercado de capitais é fortalecer a sociedade

Um caminho para o Brasil

civil, oxigenando a democracia pela pluralidade e permitindo que decisões fundamentais que vinculam a todos sejam objeto de apropriação do cidadão, é essencial então perceber que o BNDES, ao privilegiar obscuros investimentos no exterior, e não no mercado de capitais, acabou servindo como instrumento de fortalecimento de um partido político, em detrimento do desenvolvimento econômico e social de nosso país, isto é, ele rompeu com a relação de reciprocidade entre sociedade civil e instituições já apresentada. Por isso é imprescindível que as análises econômicas acerca do BNDES sejam enriquecidas pelos questionamentos sociais referentes à legitimidade dessa instituição.

Tratar-se-ia, então, de articular a função democrática do BNDES com a função transformadora do mercado de capitais. O desafio está em romper os muros do Estado que se fortalece mediante a fórmula "X-tudo" do BNDES, como será demonstrado. A profundidade dessas análises pode ser verificada, cumpre enfatizar, quando se comprova a ausência de participação da sociedade civil em todos os 18 comitês que compõem a estrutura do BNDES, o que permitiu uma prática política do segredo que, além de excluir o interesse nacional, favoreceu uma política de "campeões nacionais" em detrimento dos pequenos e médios empresários.

Por fim, algumas últimas palavras são necessárias. As reflexões que constituem esta segunda parte do livro têm origem no diálogo, no debate, e isso deve ser enfatizado. Como dizia Bobbio, o aspecto fundamental da democracia está no diálogo em público, na disposição para deixar-se convencer pelos argumentos do outro, no jogo dialógico tolerante e isento de vontades de verdade (e de poder, evidentemente). Grande parte deste livro é fruto de entrevistas com diversas pessoas que conhecem a fundo o BNDES. Elas observaram essa instituição somente com as lentes da economia, compreendendo-o como um banco econômico. Isso sem dúvida é importante. No entanto, como destacado, busca-se aqui enriquecer essas análises a partir da compreensão do BNDES como instituição social, o que nos permite analisar os motivos pelos quais o caráter democrático está atualmente ausente e propor alternativas para essa situação.

O objetivo final dessas reflexões seria, então, muito singelamente, contribuir para um debate público sobre qual caminho esse banco dever trilhar para que o Brasil possa vencer as fronteiras da exclusão social, econômica e política, fundamentais para que o BNDES auxilie a cumprir as chamadas "promessas não cumpridas da democracia".

NOTAS

[1] Norberto Bobbio, Nicola Matteucci e Gianfranco Pasquino (orgs.), *Dicionário de política*, 12. ed., Brasília, Editora Universidade de Brasília, 2004, p. 1.210.

[2] Norberto Bobbio, *O futuro da democracia*, Rio de Janeiro, Paz e Terra, 2000, p. 34

Instituições e sociedade civil: mais Estado, menos mercado de capitais?

O BNDES não é apenas o principal agente de investimentos do governo federal e repassador de recursos do Tesouro, como está no centro de uma nova modalidade de giro financeiro,[1] pois não pode evitar que tomadores de crédito subsidiado apliquem parte do produto dos empréstimos em títulos públicos, que rendem mais do que o banco cobra pelo crédito. Na origem dessa distorção está a agressiva política oficial de intervencionismo econômico, que afasta as empresas do mercado de capitais.

Em vez de emitir papéis (ações, debêntures, títulos de securitização etc.) e colocá-los no mercado, as empresas tomam crédito do BNDES. Isso significa que há uma transferência de renda, que concentra mercados e ajuda quem nem sempre precisaria ser ajudado. O custo dessa política recai nas contas públicas, já bastante debilitadas. Como nos cemitérios argentinos, onde o passado não morre, também no Brasil não morrem os sonhos de um Estado protetor com recursos infinitos. As vozes que nos anos 1940 punham de um lado os industriais liderados por Roberto

Um caminho para o Brasil

Simonsen que pediam protecionismo e do outro um intransigente defensor da liberdade de mercado, Eugênio Gudin,[2] ainda são ouvidas após 70 anos. E ao emprestar mais de R$ 400 bilhões a juro baixo ou negativo, o BNDES torna-se executor dessa política extravagante. E é a peça-chave dessa gigantesca oferta de crédito, especialmente antidemocrática e que muito contribuiu para a politização dessa instituição.

Como já destacado, esta foi a real contribuição do BNDES: ao não investir no mercado de capitais, o banco contribuiu para o fortalecimento do paternalismo, sufocando a já fraca sociedade civil e, paralelamente, decidindo seus investimentos sem qualquer respaldo social, em uma verdadeira política de "banco X-tudo" que atuou politicamente para fins de fortalecimento de um partido político.

Os números da Bolsa de Valores, Mercadorias e Futuros de São Paulo (BM&FBovespa) dão uma ideia do que se passa no mercado de capitais. Em 2013, ano em que as ações sofreram, em média, prejuízo de 15,5%, segundo o Índice Bovespa, correspondendo a uma perda de valor de mercado superior a US$ 200 bilhões, o BNDES emprestou R$ 190 bilhões, concentrando 61% dos negócios na minoria de grandes clientes, alguns privados, muitos estatais, além de conceder mais empréstimos aos estados. O banco é o maior agente de crédito do país, respondendo por 19%[3] da oferta total de empréstimos. Nesse contexto, o BNDES retrata um Brasil pouco transparente, em que o referido banco está no centro de uma economia baseada em empréstimos bancários, na qual o mercado de capitais parece ilhado, tendo papel secundário, e consequentemente sendo impossibilitado de atuar como catalisador para uma revolução silenciosa da sociedade civil. Para compreender melhor essa situação, vamos olhar um pouco mais de perto o mercado de capitais.

Riscos desnecessários

Nosso país tem uma estrutura de mercado de capitais organizada e sofisticada, comparável à dos países mais desenvolvidos do mundo.

Possui corretores atuantes propiciando a capilaridade, supervisão adequada, uma Comissão de Valores Mobiliários (CVM), uma das maiores Bolsas de Valores do mundo, a BM&FBovespa, e um segmento de elevada governança corporativa, o Novo Mercado. E tem um conjunto de normas que permite o desenvolvimento da sustentabilidade dos mercados. No entanto, apenas cerca de meio milhão de pessoas investem em Bolsa, graças a iniciativas de popularização do mercado adotadas desde os anos 2000. Mas é preciso mais do que leis.

O governo parece ignorar a contribuição que os mercados de capitais propiciam às economias e ao fortalecimento do mercado de capitais, já que nesse contexto as empresas tomam recursos de investidores e não precisam bater na porta de bancos públicos que dependem do Tesouro. Isso significa que investir no mercado de capitais fortalece a sociedade, é dizer, oxigena a democracia pela pluralidade, já que o maior controle *social* (não estatal) das empresas permite que a sociedade civil seja protagonista da exigência de transparência, essencial à democracia. Na falta de um mercado de capitais pujante, crescem os riscos. E a política monetária perde eficiência, porque os juros básicos não se aplicam a todos, isto é, são antidemocráticos. Como o bolo de recursos e de crédito é finito, para que os beneficiários do crédito subsidiado paguem menos, os demais tomadores têm de pagar mais. Sem boas alternativas de aplicação, os investidores institucionais de curto e longo prazo (fundos mútuos, fundos de pensão, seguradoras) dependem menos da pujança de empresas e mais de aplicações em títulos do Tesouro.

Consequentemente, crescem os riscos estruturais decorrentes da concentração de poder nos bancos estatais e nos beneficiários do crédito subsidiado. E eis que a mão do governo se apresenta mais uma vez. Fosse outra a vontade do dono do BNDES – o Tesouro Nacional – e o desenvolvimento do mercado de capitais, hoje, seria maior, contribuindo assim para o fortalecimento da sociedade civil. Mas a relação entre BNDES e mercado de capitais nem sempre foi assim.

BNDES e mercado de capitais, uma relação delicada

A criação das subsidiárias Embramec, Ibrasa e Fibase, em 1974, consolidadas na BNDES Participações (BNDESPar), em 1982, e o Plano Nacional de Desestatização, que tomou corpo entre 1990 e 2002 sob o comando do banco, foram pontos altos da política do BNDES para o mercado de capitais. Mas outras iniciativas também se destacaram na vida da instituição, como o financiamento subsidiado de subscrição de ações por pessoas físicas, nos programas Procap I e Procap II, os lançamentos de ações da Petrobras e a criação do PIBB Brasil. No entanto, atualmente, o mercado de capitais não tem recebido a devida atenção por parte dessa instituição. O BNDES, hoje, não consegue observar o quanto o mercado de capitais constitui-se como ponto estratégico fundamental para a construção de um capitalismo democrático.

No início dos anos 1950, quando o BNDES foi criado, o mercado de capitais era ativo, mas tinha pouca expressão econômica. Faltavam investidores institucionais. O banco não tinha recursos para cumprir seus objetivos: propiciar recursos de que as empresas necessitam para investir, aumentar a oferta de bens ou serviços e ampliar seu peso como contratantes de mão de obra e geradoras de lucros e tributos. Predominava, nas Bolsas – e ainda mais na Bolsa do Rio – um ambiente especulativo, às vezes febril, em que a busca por lucros rápidos predominava em relação às aplicações de longo prazo.

Eram os tempos iniciais do BNDES. E nos primeiros projetos – assim como nas primeiras empresas financiadas pelo banco – o Estado exercia, quase sempre, papel de liderança. Em 1952, dos 24 projetos da Comissão Mista Brasil-Estados Unidos (CMBU), os maiores aportes previstos destinaram-se a estradas de ferro (Central do Brasil, Rede Mineira de Viação, Noroeste, Paulista, Santos-Jundiaí, Paraná-Santa Catarina) e à energia elétrica (Comissão Estadual de Energia Elétrica-RS, Usina Termelétrica de Piratininga, Usina de Salto Grande, Chesf, Itutinga, Matogrossense, Catanduva), além da Light, de origem privada. A Cia. Metalúrgica Barbará

Instituições e sociedade civil: mais Estado, menos mercado de capitais?

foi um dos poucos projetos privados incluídos na lista da CMBU, que se tornaria, décadas depois, uma empresa aberta, com ações negociadas nas Bolsas de Valores.

Mas nas operações contratadas pelo BNDES já surgiam, em 1956, a Companhia Força e Luz Cataguazes-Leopoldina, as Centrais Elétricas de Goiás (Celg) e a já citada Barbará, cujas ações mais tarde seriam negociadas no mercado. O Frigorífico Mouran, da família do senador Auro de Moura Andrade, figurava entre os financiados de 1956 e 1957 – já naqueles tempos o BNDES não ignorava os frigoríficos.

Muitas empresas financiadas entre 1957 e 1960 abririam mais tarde o capital – Companhia Paulista de Força e Luz (CPFL) e Cemig (hoje, duas estrelas na Bolsa), Aços Villares, Siderúrgica Riograndense, Cobrasma, Pirelli, Furnas, Arno, Usiminas, Companhia Suzano de Papel e Celulose, Escelsa. No Brasil não havia nada semelhante à tradição norte-americana, onde há investidores e capital de risco para aplicar. Ou seja, não existiam investidores prontos para participar do capital de novos negócios, para ganhar ou para perder.

Era uma época de enormes desafios. No mundo, investia-se nas grandes economias destruídas pela Segunda Guerra Mundial – e escasseavam recursos para áreas menos desenvolvidas, como a América Latina. Cabe retroagir aos anos 1940.

As grandes potências se deram conta da falta de instrumentos financeiros de apoio mútuo – e foram criados, em 1944, o Fundo Monetário Internacional (FMI) e o Banco Mundial, em Bretton Woods. Em 1947 nasceu o General Agreement on Tariffs and Trade (Gatt, em português "Acordo Geral de Tarifas e Comércio"), antecessor da Organização Mundial do Comércio (OMC). O Plano Marshall (1948-1952), financiado com recursos norte-americanos de US$ 14 bilhões, equivalentes a 14% do PIB do país em 1948, foi decisivo para a reconstrução da Europa.

Na América Latina, inclusive no Brasil, sucediam-se as crises cambiais decorrentes da perda de preço de *commodities*. Café, cacau e algodão representavam 80% da pauta de exportações, relata, no prefácio

77

Um caminho para o Brasil

ao livro editado pelo BNDES, o economista Demosthenes Madureira de Pinho Neto,[4] que depois ocupou altas funções nas esferas pública e privada. Mas não se falava de mercado de capitais – aparentemente, pouco considerado nos planos oficiais. Um problema, acrescente-se, ainda hoje presente: são poucas as iniciativas em prol do mercado de capitais.

O Plano de Metas de Juscelino Kubitschek dominava as expectativas econômicas – e o plano de fato foi cumprido. Mas deixou como herança graves problemas macroeconômicos. Faltavam meios para o Plano de Metas: sem superávit fiscal, os recursos para financiá-lo vieram, primeiro, da emissão pura e simples de moeda. Políticas econômicas erráticas atrapalham o desenvolvimento de mercados de capitais.

Muito antes da grande crise de 1971 e da década de 1970, o mercado de ações enfrentou, em 1960, uma crise menos aguda quanto à repercussão futura. Época em que predominavam na Bolsa ações de companhias estatais – como Banco do Brasil, Companhia Vale do Rio Doce (atual Vale) e Companhia Siderúrgica Nacional (CSN) – e de companhias privadas muito negociadas, como se verá. A crise de 1960 provocou enormes prejuízos para os investidores que assumiram maiores riscos, os índices de Bolsa caíram muito. "Era um tempo de especulação desenfreada, em que fortunas eram feitas e perdidas num único dia", lembra Alberto Alves Sobrinho, ex-presidente da Associação Nacional das Corretoras (Ancor, hoje Ancord, com a adesão das distribuidoras). "Raramente se fala dela, mas já havia um mercado muito movimentado", diz Alves Sobrinho, então um adolescente que começava a trabalhar na Corretora Souza Barros. Entre os corretores com presença marcante naquele tempo estava Marcelo Leite Barbosa, cuja atuação foi caracterizada não só pela atuação especulativa, como também pela formação de uma leva de profissionais qualificados, que lideraram o mercado durante décadas.

Os sistemas de negociação eram, então, lentos e falhos, lembra um especialista em ações, Rolf Treuherz, autor de vários livros sobre o tema. Como afirmou Rolf: "Em nada se pareciam com os atuais sistemas, que

78

permitem tomadas de decisão em nanossegundos. E o mercado teve muito a ganhar com esses aperfeiçoamentos, provocando um aumento substancial do número de participantes, como foi o caso dos *home brokers*".

O fortalecimento do mercado de capitais só se tornaria uma política pública com a Lei do Mercado de Capitais (4.728, de 1965), editada no governo Castello Branco. Antes disso, o que havia eram tímidos passos de mercado. É o que relata Roberto Teixeira da Costa, o fundador da Comissão de Valores Mobiliários (CVM), em seu livro de memórias.[5]

Desde meados dos anos 1940, segundo Teixeira da Costa, "umas poucas instituições se especializaram em vender ações, como a pioneira Deltec S/A – Investimento, Crédito e Financiamento ligada à Deltec Banking Corporation Ltd., fundada em 1946 pelo norte-americano Clarence Dauphinot Jr. para atuar no mercado latino-americano".[6] A preferência da Deltec era pela Argentina, mas "a ascensão do populista Juan Perón traria muitos problemas para uma empresa estrangeira", calculou Dauphinot. Problema velho e sem solução aparente: em todo o mundo, governos populistas afastam os investidores, deixando em segundo plano a política macroeconômica. Ignoram ameaças inflacionárias e cambiais, atropelam os marcos regulatórios, nutrem mau humor pelo capital estrangeiro.

Não que os mercados de capitais fossem inexpressivos. Havia muitos negócios nas Bolsas de São Paulo e do Rio. Pesquisas do professor da Escola de Economia de São Paulo da Fundação Getulio Vargas (FGV), Antonio Zoratto Sanvicente, nos arquivos da BM&FBovespa, nas edições da *Revista Conjuntura Econômica*, da FGV e nos relatórios do Banco Central e entidades de pesquisa da época mostraram que os negócios com ações e títulos de renda fixa eram disputados por corretores e por bancos. Em 1952, por exemplo, cerca de US$ 350 milhões foram negociados em títulos públicos e particulares nas Bolsas, a maioria em São Paulo (53,7% do total, cabendo 46,3% ao Rio).

Entre o final dos anos 1950 e o início dos 1960, as ações mais destacadas eram Banco do Brasil, Cervejaria Brahma, Belgo-Mineira,

79

Cimento Aratu, Carioca Industrial, Kibon, Lojas Americanas, Mesbla, Siderúrgica Nacional (CSN), Petróleo União, Souza Cruz e Vale do Rio Doce.[7] E em pelo menos três dessas empresas (Belgo e CSN, do ramo siderúrgico, e Vale, da mineração), houve uma importância estratégica na presença do BNDES, que estimulou os investimentos nos insumos básicos necessários para a operação das companhias.

Especializados em ações, os vendedores da Deltec deram um empurrão no incipiente mercado de capitais. Eles viajavam pelo Brasil para "vender ações das pouquíssimas empresas que se dispunham a abrir seu capital ao público"[8] tais como empresas de energia elétrica (Força e Luz de Minas Gerais) e de telefonia (Listas Telefônicas) controladas por norte-americanos que queriam ter acionistas locais. O interesse despertado pela implantação da indústria automobilística incentivou a colocação de ações da Willys Overland do Brasil e da Vemag. Quem adquirisse mais de 500 ações da Willys tinha direito a comprar um jipe com 10% de desconto. Desconto igual foi dado pela Vemag aos interessados no sedã Belcar, ainda hoje disputado por colecionadores com seu motor de dois tempos e câmbio na direção. E a Deltec lançou um índice de ações, indispensável para dar visibilidade e transparência ao negócio com ações.

Vale a pena notar que o mercado de capitais conviveu bem com o período de baixa inflação e bom ritmo de crescimento econômico, mas faltava o essencial: investidores institucionais. E a estabilidade monetária (relativa) durou pouco. A inflação voltou com JK. Foi o preço da implantação da indústria nacional. Tinham passado os tempos de inflação controlada presentes na ditadura Vargas e nos governos do marechal Eurico Gaspar Dutra e do próprio Vargas, eleito em 1951. E para se proteger contra a alta dos preços no final da era JK, os investidores não buscaram ações, mas letras de câmbio que burlavam a Lei da Usura, rendendo juros superiores a 12% ao ano.

As eras Jânio e João Goulart foram marcadas pela alta volatilidade na Bolsa. Num setor como a energia elétrica predominava a desconfiança – no Rio Grande do Sul, o governador Leonel Brizola havia encampado a Companhia Estadual de Energia Elétrica (vinculada ao grupo Amforp norte-americano) e a Companhia Telefônica Nacional (subsidiária da ITT). E os investidores se desfizeram dos papéis de companhias de eletricidade. Mas outros aplicadores tentaram se proteger da inflação justamente na Bolsa. Em 1962, por exemplo, cresceu muito a negociação com papéis da Souza Cruz, Aratu, Willys, Casa Anglo, Lojas Americanas, Mesbla, Indústrias Villares, Brahma, Kibon, Belgo, Vale, Alpargatas e Docas de Santos, além de Dona Isabel e Duratex — ou seja, lá estavam muitas ações de empresas originalmente financiadas pelo BNDES. Em 1962, as cotações chegaram a subir 150%. Os volumes negociados em Bolsa cresciam mais do que a inflação — que foi de 80%, em 1963, e de 34,2%, em 1964. Os volumes das emissões de capital não eram suficientes para compensar a erosão inflacionária.

Com a Lei de Mercado de Capitais, de 1965, criou-se um ambiente favorável ao desenvolvimento tanto das instituições como dos negócios. Octávio Gouvêa de Bulhões, ministro da Fazenda, era um entusiasta do mercado de capitais. Mas faltava tudo, a começar por uma boa cultura acionária e por uma conjuntura econômica mais favorável. No começo do governo Castello Branco, as empresas passavam por dificuldades. Socorriam-se nos bancos descontando duplicatas a juros elevados, pois também o crédito era escasso.

Mas o mercado de capitais dependia de estímulos. Em 1967, o Decreto-Lei 157 permitiu aplicar em ações 10% do imposto de renda devido. Em 1968, para uma inflação de 25,5% medida pelo IGP-DI, o Índice Bovespa apresentou valorização de 79,2%, o Índice BV (Rio) subiu 43,8% e o Índice SN teve alta de 42,7%, segundo boletins do Banco Central. O Produto Interno Bruto (PIB) avançou 9,7%, em 1968; 9,3%, em 1969; 10,3%, em 1970; 11,4%, em 1971; 11,9%, em 1972; e 13,9%, em 1973. Os Fundos 157 (quem pagava imposto de renda podia aplicar parte do valor nesse fundo) primeiro anteciparam dias de euforia do mercado acionário, depois jogaram combustível na fogueira das cotações altas, quando as regras foram mudadas. Em 1968, o porcentual dedutível do imposto de renda passou de 10% para 12%. Em 1970, dobraram – de 1/3 para 2/3 do total – os recursos dos Fundos 157 que poderiam ser aplicados em ações já negociadas em Bolsa, pois até então o dinheiro ia para ações novas. Também em 1970 houve um salto no volume negociado nas Bolsas de São Paulo e do Rio.

Nos anos do "milagre econômico" (1967 a 1973), teria sido mais fácil fazer uma política anti-inflacionária, capaz de reduzir a inflação a um dígito. Mas parecia melhor surfar na onda do crescimento. Predominava a maciça propaganda oficial do Brasil Grande (semelhante a outras ideias edulcoradas da história brasileira até hoje). Nos anos em que o PIB cresceu como nunca, a inflação oscilou entre 25,49%, em 1968, e 15,57%, em 1973, média de 19,1% ao ano, e os efeitos perversos eram atenuados pela correção monetária.

Assim, no início dos 1970, o mercado acionário era a coqueluche nacional. Emissões novas de ações eram subscritas em minutos – ou antes mesmo de serem lançadas, tal a demanda dos investidores. Uma época de fortunas feitas e fortunas perdidas quando as cotações começaram a despencar, em maio de 1971. Antes da queda, multiplicavam-se as cotações de títulos de empresas estatais e de empresas privadas, inclusive de algumas sem qualquer expressão. A poupança dos aplicadores estava em risco. Gestor do fundo Crescinco, um dos mais ativos fundos de ações da época, Teixeira da Costa deixou de comprar ações num dado momento, "porque os preços estavam numa tal escalada que não guardavam qualquer relação com a rentabilidade estimada das empresas e, efetivamente, sentia-me inibido a aumentar a carteira".[9] Ele lembra: "Inicialmente, o governo acompanhou a distância, mas depois começou a usar o crescimento do mercado como fator de mudança do Brasil. O governo resolveu pegar uma carona nesse surto de crescimento da Bolsa, e passou a fazer propaganda como a do Brasil Grande, do amor à pátria".[10]

No entanto, a crise de 1971 estendeu-se por toda a década. Ficou conhecida, do ponto de vista do mercado acionário, como uma década perdida. Mas, ao contrário dos anos 1950 e 1960, a presença do BNDES

Instituições e sociedade civil: mais Estado, menos mercado de capitais?

foi destacada. O banco atuou como mecanismo de última instância. Empresas ficaram sem capital, com a crise do petróleo. Mas alguns mecanismos próprios de mercados de capitais foram patrocinados pelo banco. Na gestão Marcos Vianna, visto como um presidente relevante na história da instituição, o diretor de Operações Especiais, Roberto Procópio de Lima Netto, teve participação decisiva na política de reabilitação do mercado de capitais. Criou, em 1974, as subsidiárias Embramec, Ibrasa e Fibase. Foi "um primeiro empurrãozinho no mercado de capitais", disse Lima Netto, o que deve ser destacado.

Entre os quadros do BNDES estava Luiz Spínola, superintendente da Ibrasa:

> Participávamos do capital de empresas brasileiras que não conseguiam captar recursos ou precisavam complementação de recursos quando não havia apetite para subscrever toda a emissão. Funcionava assim: a empresa precisava captar X milhões e os bancos só ofereciam Y milhões. A Ibrasa comprava o resto. Comprávamos pelo preço de mercado depois de avaliar o projeto. As ações ficavam em carteira e eram vendidas depois, conforme a demanda.

O banco complementava os recursos que não estavam disponíveis no mercado. O apoio do BNDES era visto como uma espécie de aval. Fornecia aos subscritores privados da emissão um sinal de que se tratava de um negócio seguro. O verdadeiro aval, indireto, era o crivo da operação pelos quadros do banco.

Mais tarde, em 1982, as três empresas – Embramec, Ibrasa e Fibase – foram consolidadas na BNDESPar, que se transformou num grande investidor institucional. Mas o ex-ministro do Planejamento dos anos 1970, João Paulo dos Reis Velloso, diz que até hoje não sabe por que elas foram extintas. "Um mistério para mim", afirmou. Deve-se também frisar que nos anos 1970 houve pouco espaço para a capitalização em Bolsa. O *boom*

Um caminho para o Brasil

do mercado acionário do final dos anos 1960 até maio de 1971 deixou sequelas. Naquela década, o mercado de capitais teve de ser reorganizado. Para isso foram decisivas a edição da Lei das Sociedades Anônimas, em 1974, e a criação da CVM, em 1976. Primeiro presidente da CVM, Teixeira da Costa recorda:

> Na década de 70, as informações ainda não fluíam assim e as operações e cotações dos diferentes títulos não eram transparentes. O mercado global era inacessível. O Brasil e outros países em desenvolvimento tinham uma economia quase totalmente fechada. Poderíamos dizer que a partir dos anos 1970 tem início uma abertura dos mercados. Só para se ter uma ideia, em 1976, quando o Brasil abriu a Bolsa para capitais estrangeiros – eu estava no BIB (Banco de Investimento do Brasil, do grupo Unibanco) – viajei à Europa para oferecer aplicações na Bolsa brasileira e pude constatar que alguns países, como a França, não permitiam que seus cidadãos fizessem investimentos no exterior, o que somente era autorizado mediante consulta.[11]

Nesse contexto, o BNDES atuou de várias formas. Em 1976, criou o Procap, para assegurar que haveria investidores para subscrever as ações em ofertas públicas. O hoje gestor de ativos e especialista em mercado de capitais, Estevam de Almeida Prado, ex-secretário de desestatização do BNDES e do Programa Nacional de Desestatização (PND), recorda:

> No primeiro Procap, os investidores eram financiados pelo BNDES pagando apenas a correção monetária, mas as sobras de ações foram enormes. E olhe que um dos objetivos do Procap era financiar a compra de ações da Companhia Petroquímica do Nordeste (Copene), um maravilhoso projeto petroquímico lançado em Camaçari, no polo da Bahia, com bons administradores, fadado a dar certo. No começo

havia desconfiança até de outros empresários do ramo petroquímico, mas em pouco tempo estes perceberam que haviam avaliado mal o negócio. Constataram a qualidade do investimento e recomendaram a compra dos títulos da Copene. E foi lançado o Procap II, com a correção monetária limitada a 20%, algo necessário para colocar as ações num momento em que a inflação estava subindo. Vendi uma "tonelada" de ações da Copene para meus clientes. Muitos ganharam fortunas com as ações.

A correção monetária oficial oscilou entre 33,3%, em 1974, e 36,2%, em 1978 – muito acima da correção de 20% cobrada pelo BNDES. A diferença era subsídio, prática corrente na história do banco já naquela época. O Tesouro Nacional, em última forma, ajudava indiretamente os aplicadores de ações – os minoritários, no caso. Hoje o ajutório dos subsídios parece ir mais para os majoritários.

Os tempos difíceis do mercado de ações iriam continuar, ressalvadas fases de ouro, como a de 1982 a 1984, quando os aplicadores assustados com a prefixação da correção monetária no biênio 1979/1980 fugiram para ativos reais, como ações. O Índice Bovespa ficou próximo da inflação, em 1982, aumentando 187,2%, em 1983, mais do que os 154,5% do IGP-DI. Em 1984, as ações subiram em média 533,9% e a inflação, 220,6%.

Em meados dos 1980, os recursos para a capitalização das empresas ainda eram modestos, mas começavam a prosperar iniciativas básicas para a construção do mercado de capitais. Os fundos de pensão foram criados em 1977, para atrair pessoal qualificado para as principais companhias ou entes estatais (Banco do Brasil, Petrobras, Eletrobras, Caixa Econômica Federal, Vale, Banco Central etc.), além de algumas empresas privadas com maior visão de futuro. Mas só nos anos 1980 esses fundos começaram a ter mais peso como aplicadores regulares em ações. Mantinham carteiras de ações de longo prazo e contribuíam para a estabilidade das cotações. Até ali, destacavam-se os Fundos 157, que ainda no final da década de 1970 tinham grandes posições em papéis de empresas como Bardella, Ferro Ligas, Mesbla, CBV, Madeirit, Lojas Renner, Refrigeração Paraná, Magnesita, Hércules, Petróleo Ipiranga, Copas, Aços Villares, Vulcabras, Perdigão, Eluma. A atuação desses fundos chegava a responder por 8% a 10% do volume diário negociado na Bolsa.

Uma resolução do Conselho Monetário Nacional, de 1978, obrigou os fundos de pensão a aplicar um porcentual mínimo em ações. E os grandes, desde aquela época até hoje – Previ, do Banco do Brasil, e Petros, da Petrobras –, começaram a entrar na renda variável, reduzindo a concentração das carteiras em imóveis, financiamento a participantes e títulos do governo. Até hoje a Previ é grande aplicadora em ações.

No final dos anos 1980, as dimensões do mercado acionário ainda eram pequenas e a volatilidade das cotações era expressiva: o valor de mercado das ações, em 1988, era de US\$ 26,2 bilhões, pouco mais de 8,5% do PIB de US\$ 305,7 bilhões; em 1989, o valor de mercado de US\$ 43,6 ilhões chegou a 10,4% do PIB, mas em 1990 esses valores foram, respectivamente, de US\$ 28,8 bilhões e US\$ 469,3 bilhões e a proporção caiu para 6,1% do PIB.

Em 1985, foi feita uma grande venda de ações da Petrobrás pelo BNDES, da ordem de US\$ 300 milhões. Como relatou o ex-presidente do banco, Francisco Gros, no livro *BNDES: um banco de história e do futuro*:

> Um dos grandes desafios era utilizar o banco como indutor do mercado de capitais no país. Na época, fez-se muita coisa em apoio a operações de lançamento de ações e debêntures, com destaque para a grande pulverização de ações da Petrobras – a maior operação de mercado de capitais ocorrida no Brasil até então.[12]

Os anos 1990 se tornariam, no entanto, um período de avanços significativos para o mercado de capitais – e a participação do BNDES nesse momento foi decisiva. Em destaque, as iniciativas para privatizar estatais, marcadas por ineficiência e prejuízo e transformadas em cabide de empregos por gerações de políticos populistas. Há bastante tempo o BNDES se preparava para esse processo. Em 1981, foi criada a Comissão Especial de Privatização – e, entre 1981 e 1989, o governo federal vendeu 38 empresas, transferiu outras 18 para os estados, fundiu 10 estatais em outras instituições federais, fechou 4 empresas e alugou uma, segundo Maurício Serrão Piccinini, gerente do Departamento Econômico da Área de Planejamento do BNDES.[13] Eram as primeiras operações de privatização. Envolveram, em geral, pequenas empresas, mas ajudaram a formar massa crítica – e quadros – para o processo. Entre as que foram privatizadas estavam, segundo Gros, companhias estatizadas apenas em função de insucessos empresariais – como a Nova América, a Celulose da Bahia, a Cosinor, a Caraíba Metais. "Eram as famosas pacientes do *hospital* do BNDES", lembrou Gros.[14] Outro ex-presidente do banco, Márcio Fortes, relatou[15] que o BNDES passou por tais apertos em decorrência do excessivo investimento em empresas estatais (Eletrobras, RFF, Nuclebras, Chesf e Furnas, às quais tinha emprestado dinheiro, mas não recebia de volta, "porque tudo é do mesmo patrão"). Em 1987, o banco não tinha dinheiro sequer para pagar a folha de pagamento. "Foi salvo pela privatização da Fábrica de Tecidos Nova América", disse Fortes.

O Programa Nacional de Desestatização (PND) só foi lançado, formalmente, em 1990. A Lei n. 8.031/90, que criou o PND, "foi gestada no gabinete de Nildemar Secches e foi por meio dela que o BNDES assumiu a privatização",[16] segundo a advogada Fátima Regina França Farah. E o trabalho de privatização ganhou velocidade. Entre 1991 e 1994 foram privatizadas 33 estatais, gerando uma receita de US$ 8,2 bilhões e arrecadados US$ 395 milhões em participações acionárias, além da transferência de dívidas de US$ 3,2 bilhões, totalizando US$ 11,8 bilhões.

Celma, Cosinor, Mafersa e Usiminas foram vendidas em 1991. A lista aumentou em 1992, com a privatização de 16 empresas – Acesita,

Álcalis, CBE, Copesul, CST, Fosfértil, Goiasfértil, Indag, Nitriflex, Petroflex, Piratini, Polisul, PPH e SNBP e concluída a alienação das ações da Cosinor e da Mafersa. Em 1993 saíram Cosipa e CSN (que juntas levaram US$ 3 bilhões para os cofres públicos), Açominas, Oxiteno, Poliolefinas e Ultrafértil, além da venda de ações remanescentes da Copesul. Em 1994 foram 12 alienações (Acrinor, Arafértil, Caraíba, Ciquine, Coperbo, Embraer, Polialden, Politeno e PQU, além de ações restantes da Copesul, da CST e da Usiminas). Em 1995 foram 8 companhias, entre elas a Copene e a Escelsa. Em muitos casos, era uma venda parcial, mas o governo fazia caixa. A privatização ajudou a dar sustentação ao Plano Real, de 1994, no tocante à situação fiscal. Como relata a diretora de privatização da época, Elena Landau (1993 a 1996): "Naquela época, a privatização era um instrumento muito importante da reforma do Estado, ou seja, parte de um processo de estabilização maior. Era necessário que a modernização do Estado contribuísse para o Plano Real dar certo".

Um programa especial, de agosto de 1996, destinou-se às privatizações nos estados – o Programa de Estímulos às Privatizações Estaduais (Pepe). A primeira operação foi com o governo de Minas Gerais, que se comprometeu com a venda do controle da Cemig, mas antes pretendia encontrar um sócio estratégico. Aqui deve ser destacado que, na era Fernando Henrique Cardoso (FHC), o BNDES viu fortalecido o papel de instrumento da ação do governo, participando do financiamento do gasoduto Brasil-Bolívia, das hidrovias dos rios Madeira e Araguaia-Tocantins, das obras do metrô do Rio de Janeiro e São Paulo e do porto de Sepetiba. O que não reduziu a importância do banco no comando do processo de privatização, do restante do setor petroquímico à Companhia Vale do Rio Doce e às estatais e bancos controlados pelos governos estaduais.

A privatização prosseguiu com força entre 1995 e 2002, no governo FHC, envolvendo as maiores e mais valiosas companhias do Estado, como Vale, Light, Banespa, além de participações minoritárias, mas de valor relevante, da Petrobras. *Holdings* de telefonia foram privatizadas entre 1997 e 2001. As moedas de privatização, como os créditos junto ao governo federal, muito utilizadas no período 1990-1994, deram lugar à moeda corrente, empregada na proporção de 95% no período 1995-2002. Em julho de 1998, o Sistema Telebras foi licitado, gerando arrecadação de US$ 19,2 bilhões, ao câmbio da época.

Foi um período crucial, em que a participação do investidor estrangeiro foi dominante, da ordem de 53% da receita das vendas. No total, as receitas do período 1995-2002 alcançaram US$ 78,6 bilhões. Somadas às do período 1990-1994 e às dívidas transferidas, o resultado total foi de US$ 105,3 bilhões, segundo a publicação *Privatização no Brasil*, do BNDES. O banco comandou o processo de desestatização até 1997, quando a área foi assumida pelo Banco Central.

Nesse contexto, alguns fatos foram particularmente relevantes. A venda das empresas da Rede Ferroviária Federal, entre 1996 e 1998, livrou a União de boa parte dos prejuízos bilionários acumulados em décadas de gestão precária. Os leilões dos bancos estaduais Credireal, Banerj, Companhia União de Seguros Gerais, Bemge, Bandepe, Baneb, Banestado e Paraiban resolveram velhos problemas, além de propiciar a arrecadação de US$ 2,13 bilhões. Os bancos federalizados Meridional, Banespa, BEG e BEA também foram vendidos, gerando US$ 4,19 bilhões.

"O BNDES foi, naquele momento, essencialmente o banco da privatização", disse Gros.[17] Mas nem todos os esforços foram bem sucedidos. Empresas incluídas no programa, em 1996, entre as quais as companhias de eletricidade Eletronorte, Eletrosul, Furnas e Chesf, além dos sistemas de Manaus e Boa Vista, não chegaram a ser privatizadas nem concedidas ao setor privado. Haja vista os ganhos fiscais e tributários propiciados pelas privatizações, é possível que os vultosos prejuízos tivessem sido evitados se mais concessões elétricas tivessem gestão eficiente.

Em seu livro *A guerra das privatizações*, o historiador Ney Carvalho lembra do papel dos advogados do BNDES, entre os "mais ativos participantes" na polêmica, com "presença constante em todas as circunstâncias que envolveram os combates jurídicos, a preparação de editais, leilões e demais etapas na condução do processo de desestatização".[18]

Um caminho para o Brasil

Segundo o autor, a missão do banco foi a de estabelecer meios efetivos para o avanço do programa – sua primeira providência, por exemplo, foi estudar o que era feito no exterior, a começar pelo processo britânico de privatizações, da era Margaret Thatcher.

No entanto, foi em meio ao processo de privatização que o mercado de capitais sofreria uma transformação radical, capaz de alçá-lo a um novo patamar. Foi quando o advogado paulista Ary Oswaldo Mattos Filho, então presidente da Comissão de Valores Mobiliários (CVM) e responsável por estudos para reformar o sistema tributário, criou as condições para a abertura do mercado acionário ao capital estrangeiro. Os efeitos positivos sobre o mercado secundário de ações foram duradouros e chegaram, na segunda metade dos anos 1990, ao mercado primário. Entre 1988 e 1997, o valor de mercado das ações negociadas na Bovespa foi multiplicado mais de dez vezes, de US$ 26,2 bilhões para US$ 273,8 bilhões, enquanto a renda *per capita* medida em dólares crescia 2,3 vezes (crescimento expressivo, mesmo levando em conta a valorização da moeda brasileira nos primeiros tempos do Plano Real). O maior acesso do investidor externo ao mercado brasileiro de capitais ajudou a fortalecer a Bolsa.

Mas, ao contrário de outros países, como a Grã-Bretanha, o programa de desestatização brasileiro teve pouco resultado no tocante a um dos objetivos centrais do mercado de capitais: aumentar radicalmente o número de novos aplicadores em ações. Essa participação foi indireta, por intermédio dos fundos de pensão de que participam milhões de trabalhadores. Os fundos de pensão tiveram peso decisivo nas privatizações – o que gerou a crítica de que se tratou de uma privatização à brasileira, pois os maiores fundos de pensão são de empresas estatais sobre as quais o governo tem ingerência. Tampouco as seguradoras têm sido, no Brasil, grandes investidoras institucionais em ações, como ocorre em outros países.

Também é importante destacar que a presença do investidor individual em Bolsa, diretamente ou por intermédio de fundos especializados em ações, só cresceu graças aos efeitos positivos da combinação do Programa de Popularização empreendido pela Bovespa, lançado em minha gestão como presidente da Bolsa, com algumas grandes operações dirigidas pelo BNDES, envolvendo ações da Petrobras e da Vale e a carteira da BNDESPar, que atraíram centenas de milhares de pessoas.

Duas ofertas públicas globais de ações da Petrobras foram feitas no âmbito do PND. Na primeira, em agosto de 2000, foram vendidas ações da União excedentes das de controle, ampliou-se o *free float* (a quantidade de ações negociadas no mercado) e, portanto, ampliou-se o próprio mercado. Foi vendido 28,3% do capital votante, gerando uma receita de US$ 4 bilhões para a União. E permitido o uso dos recursos dos trabalhadores nas contas do FGTS para quitar a compra: foram movimentadas 312.194 contas do FGTS no montante de US$ 898 milhões. Cresceu o número de investidores em ações. Uma segunda oferta pública de ações da Petrobras foi feita em 2001, voltada principalmente para o mercado internacional. As duas ofertas envolveram vendas de US$ 4,84 bilhões.[19]

A operação com recursos do FGTS foi repetida com ações da Vale, despertando um interesse ainda maior: 600 mil optantes do FGTS. E essas foram, nos primeiros anos da aplicação, muito lucrativas para os trabalhadores-aplicadores. Mas como eles não podiam vender, pois as regras de saída do FGTS são estritas, perderam nos últimos anos grande parte do que haviam ganhado, devido à desvalorização das ações da Petrobras e da Vale.

Lançado em 2002, o programa de popularização denominado "Bovespa vai até Você" em cinco anos transmitiu os fundamentos do mercado de ações a 550 mil pessoas e carreou investidores para o mercado de capitais. De 82,5 mil, em 2002, o número de pessoas físicas no mercado de capitais passou dos 600 mil e estava em 568 mil, em maio de 2014, mas a participação no volume de negócios que se aproximava dos 27%, em 2005, estava reduzida a 15%, em maio e continuou caindo.

Assumindo a presidência em 2003, Lula afastou as expectativas pessimistas ao manter o tripé de política econômica da era FHC, com base

91

em superávit primário elevado, câmbio flutuante e metas de inflação. Medidas microeconômicas acertadas, como a criação dos empréstimos consignados em folha de pagamento, a aplicação ampla do instituto da alienação fiduciária de bem imóvel, de 1997, a desoneração das transações imobiliárias, ajudaram a ativar os negócios. Mas, em especial, o Brasil contou com a recuperação econômica global, a melhoria dos termos de troca que propiciou um superávit na conta corrente do balanço de pagamentos de quase US$ 45 bilhões, entre 2003 e 2007. Os preços das *commodities* asseguraram superávits comerciais e reservas cambiais confortáveis para enfrentar uma crise.

Aqui não se pode esquecer que o BNDES deu uma contribuição ao mercado de capitais com a criação dos PIBB e sua oferta aos investidores. Os PIBB são formados por uma parte das ações da carteira da BNDESPar. Na primeira tranche dos PIBB, em 2004, foram colocados R$ 600 milhões e na segunda, em 2005, mais R$ 2,3 bilhões, a mais de 120 mil investidores.

Os mercados em geral, mais do que o mercado de ações, em particular, começaram a ganhar com o estímulo ao consumo decorrente da política social do governo FHC, ampliada no governo Lula, além da formalização dos empregos e do aumento real do salário mínimo. O coeficiente de Gini, instrumento de medição da distribuição de renda, caiu de 0,59, em 2002, para 0,52, cm 2012. Ou seja, tornou-se menos concentrado, embora ainda indicando má distribuição. Além dos programas sociais, os bens de consumo caíram de preço com a valorização do real. E o desemprego reduziu-se aos menores níveis da história. Milhares de empresas, como as comerciais e de imóveis, ganharam com a chegada de milhões de novos consumidores. O mercado de capitais avançou.

O valor de mercado das ações passou de US$ 228,5 bilhões, em 2000, para US$ 1,33 trilhão, em 2010 – aumento de quase seis vezes, em dólar. O crescimento foi particularmente forte entre 2004 e 2007, chegando a quatro vezes quando a capitalização bursátil superou a marca de US$ 1 trilhão. Essa marca retrocedeu na recessão de 2009. Depois reagiu esbarrando em US$ 1,5 trilhão, no começo de 2012. E depois voltou a cair com a piora das expectativas para as empresas, chegando a US$ 1,23 trilhão em dezembro de 2012, a US$ 1,03 trilhão em dezembro de 2013 e US$ 1,10 trilhão, em 30 de junho.

Um programa de estímulo à abertura do capital de empresas de pequeno e médio portes, no segmento Bovespa Mais, foi anunciado pelo governo em junho de 2014 e, mais uma vez, teve participação direta do BNDES, por intermédio da diretoria de mercado de capitais, comandada por Júlio Ramundo. É uma área com quadros qualificados e que conhece bem o setor empresarial brasileiro. E lá foi preparada a MP 561, de 9 de julho de 2014. Os investidores em empresas com faturamento de até R$ 500 milhões anuais e valor de mercado de até R$ 700 milhões teriam incentivos tributários.

E, tão ou mais importante, foram anunciados estímulos à negociação de um instrumento financeiro, os ETFs, no mercado secundário de papéis de renda fixa. Se o governo deixa o mercado de ações em segundo plano e se os investidores brasileiros preferem os mercados de renda fixa, os papéis e os instrumentos financeiros correlatos devem mesmo ser promovidos, pois essa é outra maneira de atingir o objetivo final: capitalizar as empresas.

Mas é importante considerar que o mercado de capitais é, em muitos países, a principal fonte de recursos das empresas. Nos Estados Unidos, cerca de 70% dos recursos tomados pelas companhias vêm dos instrumentos de mercado de capitais – ações, debêntures, notas promissórias etc. – e só o restante vem dos financiamentos bancários. No centro dos mercados de capitais estão as Bolsas, com sua enorme visibilidade. Nelas podemos observar o mercado transparente livre, no qual a riqueza acionária é medida através do *market capitalization* (*mark cap*, ou valor de mercado) das ações de empresas negociadas nas Bolsas de todo o mundo. O *mark cap* global alcançou US$ 64 trilhões, em 2013, um número semelhante ao do PIB global. No Brasil, esse valor era de apenas US$ 1,03 trilhão, em dezembro (isto é, correspondia a 1,6% da capitalização de mercado no mundo).

93

Um caminho para o Brasil

Se para as empresas a importância dos mercados de capitais está na capacidade de fornecer recursos para capitalizar os negócios, e se para os investidores está na possibilidade de participar, como sócios, dos lucros das companhias, a existência de mercados de capitais fortes depende da liquidez dos papéis emitidos. Daí a importância das Bolsas. Em 2013, o volume total de ações negociado foi de US$ 55 trilhões, segundo o relatório anual da Federação Mundial de Bolsas (WFE – World Federation of Exchanges). E o número total de negócios em bolsas de derivativos alcançou US$ 21,6 bilhões, segundo a Futures Industry Association (FIA). A BM&FBovespa figurou em quinto lugar entre as maiores bolsas de derivativos do mundo, abaixo apenas do CME Group, Intercontinental Exchange, Eurex e National Stock Exchange of India.

A história dos mercados acionários e de sua figura central, as Bolsas de Valores, remonta ao milênio passado. Se no século XV a negociação de cotas de empresas e outros títulos era feita na rua, com muita gritaria e pouco conforto, de forma semelhante a qualquer mercado da Idade Média, foi em Bruges, na Bélgica, que surgiu a primeira sede de uma Bolsa de Valores do mundo, em 1487 (e já havia ali um mercado incipiente, desde 1309). No decorrer dos séculos, outras Bolsas surgiram. Em 1690, é inaugurada a sede da Bolsa de Londres. Em 1792, a Bolsa de Valores de Nova York se instala em Wall Street, a rua onde já eram negociados ações, títulos e outros papéis. Em 1845, surge no Brasil a Bolsa de Valores do Rio de Janeiro. A Bovespa surgiu logo após a proclamação da República, em 1890. O Brasil chegou a ter várias Bolsas, em diferentes capitais – até sua consolidação, em 2000, na Bovespa, chamada de Bolsa do Brasil.

Ajudados pela tecnologia, os negócios em Bolsa se multiplicaram. Mas eles também dependem de estabilidade econômica, regras claras e permanentes, enfim, da segurança das regras para os investimentos. Os investidores estrangeiros têm peso expressivo no mercado brasileiro, representando mais de 50% das operações.

Mas se a Bolsa brasileira está entre as cinco maiores do mundo por valor de mercado, o mercado de capitais brasileiro é menor do que poderia

Instituições e sociedade civil: mais Estado, menos mercado de capitais?

ser – e do que já foi, há não muito tempo, evidenciando assim uma situação paradoxal: o BNDES, hoje, enquanto investidor nacional, não se vale da quinta maior Bolsa em valor de mercado, isto é, não utiliza a Bolsa como propulsora do desenvolvimento brasileiro e, consequentemente, aprisiona e enlaça o mercado de capitais, deixando-o incipiente.

Orgulho discutível

A partir dessas reflexões, justifica-se o orgulho dos que veem o BNDES como um dos maiores, senão o maior banco de desenvolvimento do mundo, emprestando mais do que o Banco Mundial que reúne os capitais de duas centenas de países? Questão a discutir. Nesta sessão se dá destaque ao fato de que o BNDES é o braço "armado" do governo. E a arma é a dinheirama de que dispõe para emprestar, o que não necessariamente significa, como já deve estar claro, investir para o crescimento econômico e social do país, isto é, da sociedade brasileira.

Com seu papel-chave para liderar os investimentos de longo prazo, respondendo por fatia não desprezível da Formação Bruta de Capital Fixo (FBCF) no país, fatia essa que chega a ser estimada em 15% do PIB, o BNDES teria fôlego para alavancar o mercado de capitais – e foi o que fez em vários momentos da história. Em julho, foi peça-chave da decisão do governo, via MP 651, de estimular o mercado de acesso da BM&FBovespa, o Bovespa Mais, das pequenas e médias empresas. Decisão correta, mas de pequeno impacto. O banco poderia ir mais longe, criando um mercado secundário de papéis de renda fixa das empresas de porte médio e grande, abertas e fechadas. Empurraria, assim, o mercado de capitais em escala compatível com o poder financeiro de que dispõe. *In extremis*, cabe indagar se o capitalismo privado brasileiro titubeia. São poucos os exemplos de empreendimentos brasileiros com sucesso global, na escala justificada por uma das dez maiores economias do mundo. O governo não parece preocupar-se muito com isso, nem com um de seus aspectos correlatos, a abertura maior da economia.

Um caminho para o Brasil

No entanto, como anteriormente destacado, o BNDES já se mostrou mais próximo do mercado de capitais. Além de empurrões episódicos na Bolsa, em tempos difíceis, comandou projetos de governo com enorme importância para o desenvolvimento do mercado de capitais, como a preparação das empresas para a abertura do capital, nos anos 1970, como o PND, nos anos 1980 e 1990, ou com iniciativas como a da colocação de ações da Petrobras e da Vale e a criação dos PIBB, que fizeram aumentar o número de investidores – ou seja, a base do mercado.

Hoje, o mercado de capitais parece ser antes um objetivo estratégico, sem envolver compromisso. Pode-se ler no site do banco: "O incentivo às exportações e o fortalecimento do mercado de capitais permanecem como ações estratégicas". É isso. Há esforços específicos, mas o mercado de capitais nunca foi prioridade. E deveria ser prioritário – não por preferência, mas por modernização, exigência de transparência e fortalecimento da democracia e da sociedade civil, de tal forma que o BNDES pudesse contribuir para a criação de uma liderança empresarial com visão abrangente da sociedade.

Mercados de capitais fortes atraem milhões de investidores de risco, como ocorre nas grandes economias de mercado. Tomar ou investir em modalidades de risco desafiam a iniciativa individual. No campo oposto ao do risco, aplicadores em renda fixa são agentes passivos. Querem receber seu dinheiro em dia e hora marcados. No Brasil, ser agente passivo é opção bem remunerada, o que impede o investimento no empreendedorismo. É a alteração dessa mentalidade que uma articulação entre BNDES e mercado de capitais poderia favorecer.

Ao realizar emissões primárias e vender ações, as empresas podem financiar seus investimentos a custo módico para elas próprias, para a sociedade e para os contribuintes – os titulares últimos dos recursos públicos. Ações simbolizam equidade. Aplica-se às diversas classes de acionistas, de controladores a minoritários, de titulares de ações ordinárias a titulares de ações preferenciais. Emitindo ações as empresas podem reduzir o endividamento em bancos, onde as regras são rígidas.

Ao oferecer no mercado ações de empresas lucrativas e bem administradas, os intermediários financeiros dão acesso a investidores e oferecem alternativa de aplicação.

Do outro lado, para oferecer empréstimos – e ainda mais, conceder empréstimos –, o BNDES vale-se de recursos que não existem, que têm de ser fabricados pelo Tesouro via emissão de papéis que são transferidos ao banco. A fábrica de recursos tem como insumo básico os títulos da dívida pública adquiridos por investidores que no futuro receberão o principal e os juros. Para encher o caixa do BNDES, o Tesouro se endivida (cerca de 60% do PIB). "No futuro, pode restar o arrependimento por não ter lutado hoje por uma disciplina mínima ao endividamento do governo federal", escreveu o especialista em contas públicas José Roberto Afonso, doutor pela Unicamp.[20] Assim o BNDES é capitalizado. Mas o Tesouro não tem sobra de recursos para isso, pois as despesas correntes (mais os juros da dívida) comem quase tudo. O endividamento é a saída – e uma saída perigosa.

No entanto, o exemplo do BNDES evidencia que o Tesouro continua tendo capacidade de mobilizar recursos. E se há recursos para capitalizar o BNDES e seus clientes, também poderia destinar a dinheirama a outros fins. Esse é o ponto que deve ser discutido enquanto durar esse fôlego. Educação de qualidade, por exemplo, tem potencial multiplicador de desenvolvimento. Investimentos em saúde, saneamento, segurança e justiça também atenderiam à demanda social. Essas são atividades-fins do governo. Um Estado eficiente é possível e faria mais pelos cidadãos, se o governo quisesse. E aqui observamos com clareza o duplo problema do BNDES: de um lado, ele não favorece investimentos nacionais que poderiam contribuir para o desenvolvimento da sociedade civil via mercado de capitais, por outro, não possui em sua estrutura instrumentos que permitam acesso à mesma sociedade civil, de tal forma que suas deliberações (escolhas de onde investir) pudessem, de fato, favorecer a população nacional.

Perceba-se: o BNDES nasceu como braço do Estado para fortalecer as empresas estatais e dar impulso a um capitalismo nascente – mas sem

Um caminho para o Brasil

capitais. Nunca esteve em seu DNA considerar o mercado de capitais um instrumento fundamental para o desenvolvimento nacional. Tal é a origem do banco fundado por Getúlio Vargas, em 1952, quando se chamava Banco Nacional do Desenvolvimento Econômico (BNDE), sem o s (de social) incorporado em 1982.

Por isso é possível dizer que a história do BNDES é a história do próprio Estado brasileiro. "Você vê planejamento fora do banco?", indaga o ex-ministro João Paulo dos Reis Velloso, um profundo conhecedor da instituição da qual participa desde os anos 1980. O BNDES nasceu para ser – e ainda é, hoje – um baluarte da União. Pode dar recursos à Petrobras, à Eletrobras, a estados e prefeituras. Pode brincar de Deus no mercado de capitais, escolhendo empresas e jogando bilhões para que se tornem "campeãs", talvez multinacionais brasileiras, como se tornaram Embraer e Fibria (ex-Aracruz). Foi o que o BNDES tentou fazer com o grupo JBS Friboi. E, num caso com enorme desgaste, com o grupo X, de Eike Batista.

Mas, melhor do que aportar bilhões para financiar "campeões", seria atribuir a tarefa ao mercado de capitais, e com isso fortalecer a sociedade civil. Estudo da Fipe[21] de 1998, coordenado pelo economista Carlos Antonio Rocca, mostrou que "para uma dada taxa de poupança financeira sobre o PIB, a intermediação financeira e os mercados de capitais propiciam um nível mais elevado de investimentos, ao reduzirem a destinação de recursos para ativos não produtivos usados como reserva de valor".

Para o desenvolvimento econômico é preciso que haja, no Brasil, alternativas de aplicação em ações de empresas brasileiras dispostas a investir em ativos no país, contratar empregados brasileiros e recolher tributos no Brasil. O mercado acionário é veículo adequado para atrair esses investidores. Fortalecê-lo é um ato de vontade política, que renderá frutos ao país, e por isso é importante compreender o BNDES não somente como um banco econômico, mas também como uma instituição social fundamental para o desenvolvimento da democracia.

Formação de poupança

A primeira razão para que o mercado de capitais seja estimulado é que o Brasil tem sede de poupança. Já dispõe de dois pilares para a formação de poupança – o setor de fundos e os investidores. Mas mantido o *status quo*, o país dependerá mais das aplicações em títulos públicos e das cadernetas do que do mercado de capitais para gerar recursos e investir. Para crescer 5% ao ano, em bases sustentáveis, o Brasil teria de poupar mais do que poupa hoje (cerca de 12,7% do PIB, segundo o IBGE) e investir mais do que investe hoje (cerca de 17,7% do PIB, no primeiro trimestre de 2014). A relação entre os lucros das empresas de capital aberto e o PIB caiu de 4%, em 2010, para 3,6%, em 2011, para 1,9%, em 2012 e apenas 1,6%, em 2013, calcula o Centro de Estudos do Ibmec. Aberturas de capital e subscrições de ações têm sido pequenas – no ano de 2014 tivemos um Initial Public Offering (IPO, em português, Oferta Pública Inicial) e cinco fechamento de empresas. O Brasil está mal na foto, e estimularia os investimentos com um empurrão na capitalização das empresas. O BNDES pode ter um papel central nesse modelo – não lhe faltam nem estruturas, nem quadros e, talvez, nem recursos.

A inconstância explicada

Há, argumente-se, explicações para as relações inconstantes entre o BNDES e o mercado de capitais. Uma delas é estrutural. O BNDES é um órgão do Estado, um dos símbolos máximos de seu poder econômico e político. Os governantes brasileiros sabem disso antes de se eleger. As relações entre o banco e o mercado de capitais podem ter a ver com a biografia dos governantes, mais do que com a formação dos quadros do BNDES. Raros governantes tiveram vivência em mercados, e isso não deixa de ser extremamente preocupante. São personagens ligados ao Estado. Políticos profissionais, militares, professores universitários,

99

funcionários públicos pouco afeitos aos pés no chão e ao dia a dia da economia, ao relacionamento prático entre empresas, consumidores e órgãos reguladores. Parecem distantes das lições de Fernand Braudel, para quem existiria uma significativa diferença entre economia de mercado, em que há lucros normais, e capitalismo, em que existiriam lucros excepcionais, e consequentemente não conseguem observar a importância de se considerar o BNDES como instituição social capaz de contribuir para a economia de mercado e, consequentemente, para a sociedade civil (o conjunto de relações entre indivíduos, grupos e classes sociais que se desenvolvem à margem das relações de poder que caracterizam as instituições políticas).[22]

Nos últimos dez anos, a falta de prioridade do governo – e do BNDES – em relação ao mercado de capitais alcançou um nível alto. Ou seja, não houve interesse na capitalização via Bolsa. O desamor do governo pelo mercado de capitais teve efeitos perniciosos, como a desvalorização de ações líderes de mercado, Petrobras e Vale. Os prejuízos apareceram com transparência nas cotações desses papéis negociados na BM&FBovespa. Não por acaso Petrobras e Vale são companhias sob influência direta ou indireta da União. E ambas foram vítimas de decisões oficiais.

Apenas em 2013 a maior estrela da Bolsa – a Petrobras – perdeu R$ 40 bilhões ou 15,7% do seu valor de mercado porque o governo a submeteu a objetivos de ordem política e a objetivos de natureza econômica, impedindo a companhia de corrigir os preços dos derivados de petróleo para evitar que a inflação rompesse o teto da meta. Entre dezembro de 2010 e dezembro de 2013, a Petrobras perdeu 43,5% do seu valor em Bolsa (de R$ 380,2 bilhões para R$ 214,8 bilhões). E esse valor continuou caindo em 2014, só esboçando recuperação em função de pesquisas eleitorais. O governo impõe à Petrobras o mais gigantesco programa de investimentos do país, US$ 220 bilhões entre 2014 e 2018, mas lhe nega o direito de ganhar dinheiro para bancar a empreitada. A Vale teve de mudar a direção e a política de investimentos, enfrentando problemas no mercado global de *commodities* que a levaram a perder

Instituições e sociedade civil: mais Estado, menos mercado de capitais?

valor de mercado – em 2013, a perda do valor de mercado de suas ações foi de quase R$ 37 bilhões, prejuízo que foi de R$ 30,6 bilhões no primeiro semestre de 2014. A perda de patrimônio dos acionistas, expressa na soma da capitalização de mercado da Petrobras e da Vale, atingiu R$ 290 bilhões entre dezembro de 2010 e junho de 2014, ou 44,3%, sem contar a inflação. Foi de R$ 655,2 bilhões para R$ 365,2 bilhões. É muito provável que, se os quadros especializados do BNDES tivessem sido mobilizados, poderiam ter alertado o governo sobre a necessidade de evitar tamanho desastre. A Petrobras, estrela mais fulgurante da Bolsa, tornou-se uma das petroleiras mais desvalorizadas do mundo, abaixo até da russa Grazpom, tida como modelo de falta de transparência – ou, para alguns, de corrupção.

Que fique claro: o Brasil faz o contrário de países desenvolvidos com mercados de capitais fortes, em que os governantes acompanham com todo interesse esse mercado, pois lá está transparente uma parte da riqueza da nação, e consequentemente entre nós prevalece somente o entendimento econômico do BNDES. Além disso, a transparência deixa a desejar no Brasil. A CVM regula o mercado acionário, mas enfrenta dificuldades para enquadrar o acionista majoritário, se este é a União.

Em resumo, a questão é como os mesmos governantes que até aqui não mobilizaram todo o potencial do BNDES para fortalecer o mercado de capitais, elevar a taxa de formação de poupança e financiar o investimento em capital fixo a custos socialmente mais justos poderiam agora cumprir a tarefa. O primeiro passo para tamanha reestruturação seria admitir a importância de rever as políticas para o banco, e principalmente, a necessidade de refletir sobre a estrutura não democrática que impossibilita a participação da sociedade civil. Afinal, os governantes não estão obrigados a insistir nas mesmas políticas, salvo se dominados por um embasamento ideológico distante do debate público. Garantir participação da sociedade civil em suas estruturas (comitês) e, simultaneamente, enriquecê-la por meio de investimentos no mercado de capitais são pautas necessárias para a agenda política atual.

101

Um caminho para o Brasil

Um trecho do livro recente *O mapa e o território*, do ex-todo-poderoso *chairman* do Federal Reserve System (FED), Alan Greenspan, contribui para explicar os dilemas do BNDES. Greenspan escreveu:

> Na maior parte, a modelagem dos setores não financeiros das economias de mercado funciona de forma tolerável. Uma quantidade enorme de pesquisas incrementou nossa compreensão sobre o funcionamento desses mercados. A ciência financeira, porém, como não cansam de nos ensinar, atua em outro ambiente alavancado, no qual o risco é de uma magnitude significativamente maior que no resto da economia.[23]

No entanto, governos e dirigentes do BNDES parecem preferir o conforto de empurrar o banco para empréstimos destinados a atividades industriais e de infraestrutura, como se fossem isentos de riscos. Podem não ser riscos imediatos, como os do mercado de ações; nem por isso são pequenos.

Os fundos de pensão – um dos principais atores da economia – têm parte do patrimônio em ações. São assim afetados pelo (aparente) desinteresse do governo em relação ao valor das ações. Os fundos apresentaram maus resultados em 2013, alguns perderam patrimônio ou obtiveram resultados inferiores à meta atuarial. No *ranking* previdenciário global, o Brasil ocupa o 9º lugar pelo valor de ativos, com US$ 284 bilhões, abaixo da Austrália, do Canadá e da Holanda e de outros maiores. Mas no país a proporção entre os ativos previdenciários e o PIB é de apenas 13%, contra 67% da África do Sul, 59% da Irlanda e 41% de Hong Kong.[24] Em tese, sem aumentar o valor das contribuições da empresa e do pessoal, a aposentadoria estará em risco. Braço forte que une governo e sindicalistas, a indústria de fundos de pensão perdeu músculos em 2013. Isso seria evitado com a lembrança de que grande parte do patrimônio dos fundos, das empresas e das pessoas está na Bolsa, o que evidencia ainda mais a necessária relação entre BNDES e mercado de capitais. Ao conviver com a destruição de valor de empresas como Petrobras e Vale, o governo deixa em segundo plano não só as bases que sustentam o capitalismo privado, mas também o patrimônio dos empregados das estatais.

Essas reflexões foram necessárias para que o leitor pudesse ter clareza da situação, que merece ser enfatizada. Se a ideia que guia este livro está na necessidade de oxigenarmos a democracia representativa com a democracia participativa, isso significa dar especial atenção à sociedade civil. Este capítulo, então, demonstrou de que forma o BNDES está absolutamente distante dessa compreensão, justamente por não investir naquele setor que poderia ser propulsor da sociedade civil, o mercado de capitais. Com isso percebe-se de que forma a falta de reconhecimento do mercado de capitais como instrumento para o fortalecimento da sociedade civil e do crescimento econômico-social do país pode trazer consequências extremamente negativas. Mas não é só. Uma vez destacado, via ausência de investimentos no mercado de capitais, que o BNDES não tem como fim a sociedade civil, cumpre também explorar como a própria estrutura dessa instituição não dá a menor chance para deliberações democráticas. Isso demonstrará que a sociedade civil também está ausente ali onde deveria ser a primeira a opinar: nas escolhas do que fazer com o dinheiro público.

NOTAS

[1] O giro financeiro faz lembrar a "ciranda financeira", expressão cunhada nos anos 1980. Aplicar em títulos públicos defendia os ricos da inflação. Fernando de Holanda Barbosa, da FGV, a definiu como uma modalidade de *crowding-out*, da "expulsão do setor privado pelo setor público", em *Hiperinflação e estabilização*.

[2] Fabio Pahim Jr., "O Brasil do governo", *Jornal da Tarde*, série de reportagens (20/12/78 a 23/12/78).

[3] "Mercado de capitais e a retomada do crescimento econômico", julho 1998, Fipe/Bovespa.

[4] Demosthenes Madureira de Pinho Neto, "Prefácio", em *O BNDES e o plano de metas*, Departamento de Relações Institucionais, 1996, p. 18, disponível em <http://www.bndes.gov.br/SiteBNDES/export/sites/default/bndes_pt/Galerias/Arquivos/conhecimento/livro/plametas.pdf>, acesso em 12 jan. 2017.

[5] Roberto Teixeira da Costa, *Mercado de capitais: uma trajetória de 50 anos*, São Paulo, Imprensa Oficial do Estado de São Paulo, 2006.

[6] Idem, p. 25.

[7] "Mercado de capitais e a retomada do crescimento econômico", julho 1998, Fipe/Bovespa.

[8] Fabio Pahim Jr., "O Brasil do governo", *Jornal da Tarde*, série de reportagens (20/12/78 a 23/12/78).

[9] Roberto Teixeira da Costa, *Mercado de capitais: uma trajetória de 50 anos*, São Paulo, Imprensa Oficial do Estado de São Paulo, 2006, p. 50.

[10] Idem, p. 53.

[11] Idem, p. 55.

[12] Depoimento de Francisco Gros em BNDES: *um banco de história e do futuro*, São Paulo, Museu da Pessoa, 2012, p. 93, disponível em <https://web.bndes.gov.br/bib/jspui/handle/1408/1785>, acesso em 12 jan. 2017.

[13] Piccinini apud Sérgio Lazzarini, *Capitalismo de laços*, Rio de Janeiro, Elsevier, 2011.

[14] "Entrevistas e depoimentos", p. 41, disponível em <http://www.bndes.gov.br/SiteBNDES/export/sites/default/bndes_pt/Galerias/Arquivos/conhecimento/livro50anos/Entrevistas.PDF>, acesso em 20 jan. 2017.

[15] Towers Watson, Global Pension Asset Study 2014, *Revista da Abrapp*, maio/junho de 2014.

[16] BNDES: *um banco de história e de futuro*, p. 100, disponível em <http://www.bndes.gov.br/SiteBNDES/export/sites/default/bndes_pt/Galerias/Arquivos/conhecimento/livro/livro_BNDES_um_banco_de_historia_e_do_futuro.pdf>, acesso em 20 jan. 2017.

[17] BNDES, "Entrevistas e depoimentos", p. 41, disponível em <http://www.bndes.gov.br/SiteBNDES/export/sites/default/bndes_pt/Galerias/Arquivos/conhecimento/livro50anos/Entrevistas.PDF>, acesso em 12 jan. 2017.

[18] Ney Carvalho, *A guerra das privatizações*, São Paulo, Cultura, 2009, p. 78.

[19] Towers Watson, Global Pension Asset Study 2014, *Revista da Abrapp*, maio/junho de 2014.

[20] José Roberto Afonso, "Questão interna", *O Estado de S. Paulo*, 23 abr. 2013, disponível em <http://economia.estadao.com.br/noticias/geral,questao-interna-imp-,1024743>, acesso em 12 jan. 2017.

[21] Mercado de capitais e a retomada do crescimento econômico, julho 1998, Fipe/Bovespa.

[22] Norberto Bobbio, Nicola Matteucci e Gianfranco Pasquino (orgs.), *Dicionário de política*, 12. ed., Brasília, Editora Universidade de Brasília, 2004, p. 1.210.

[23] Alan Greenspan, *O mapa e o território: risco, natureza humana e o futuro das previsões*, São Paulo, Companhia das Letras, 2013.

[24] Towers Watson, Global Pension Asset Study 2014, *Revista da Abrapp*, maio/jun. de 2014.

O BNDES é uma caixa-preta

Antes de começar a analisar a forma como opera o BNDES, vale a pena relembrar que toda e qualquer instituição social, quando não desenvolvida a partir da participação da sociedade civil, corre um triplo risco: (i) politização da instituição; (ii) perda de autonomia; e (iii) corrupção. Como o leitor pode facilmente perceber, não é à toa que o BNDES está cada vez mais na mira de investigações judiciais. Mas, mais do que isso, o que deve ser ressaltado é que, por não ter participação da sociedade em sua estrutura, o BNDES não tem como ser um banco do desenvolvimento nacional, já que os interesses públicos sequer são levados em consideração em seus conselhos deliberativos. Aqui, percebem-se com toda a nitidez os limites da lógica da representatividade. Se a "política dos campeões nacionais" parece cada vez mais ter encoberto uma rede de favorecimentos entre grandes empresas e governo, está claro que o BNDES vem atuando nos últimos anos como banco político para fins partidários. E esse é um ponto que necessita ser explorado.

Um caminho para o Brasil

Ora, assuma por um momento o cargo de diretor financeiro de uma empresa que precisa de capital para abrir uma fábrica ou comprar um caminhão que transporte a produção até o distribuidor. Os caminhos a escolher são vários: você pode tomar dinheiro em bancos comerciais e de investimento, pagando altas taxas ao ano, menores para as melhores empresas e maiores para as menos capitalizadas; pode abrir o capital e tomar dinheiro de acionistas, em troca de uma fatia da empresa; pode emitir títulos, tais como debêntures ou notas promissórias; ou ir ao BNDES – o banco de desenvolvimento do governo federal – e achar recursos a juros baixos.

A escolha é óbvia: entre receber dinheiro a custo módico do BNDES e buscar outras fontes de financiamento, as empresas vão atrás do banco oficial. Graças ao custo baixo, o crédito ajuda a melhorar o balanço, tonifica os lucros, dá alegria a acionistas ávidos por dividendos e juros sobre o capital próprio. Acionistas que com razão indagariam, se a escolha fosse outra: por que vocês tomaram dinheiro mais caro, se poderiam tomar empréstimo subsidiado pelo governo federal? Não há "um mínimo de equidade na relação entre o BNDES e o mercado de capitais", afirma o consultor e ex-diretor do Banco Central, Alexandre Schwartsman. "Como está hoje, não tem mercado de capitais que se desenvolva no país".

A política de buscar dinheiro "barato" não é inócua. Há os custos fiscais decorrentes dos subsídios aos tomadores, estimados pelo economista Felipe Salto, da consultoria Tendências, em R$ 20 bilhões anuais. Mas esses subsídios pouco visíveis nos balanços das empresas ou no emaranhado de números do orçamento da União – que a quase totalidade dos cidadãos não tem capacidade de destrinchar – impactam a política das companhias, as decisões de investimento e afetam o mercado de capitais.

Se a promessa do BNDES – sempre reafirmada, mas impossível de cumprir – é emprestar recursos a quem tiver projetos socialmente meritórios e não financiáveis pelo setor privado, a custos inferiores aos das demais alternativas, não há dúvida: primeiro você baterá às portas do banco federal. E se encontrar portas abertas, lá amarrará seu burro, com

106

direito à ração e água fresca. Mas as consequências dessas facilidades para a economia são muitas, nem todas desejáveis.

Em primeiro lugar, juros mais altos correspondem a subsídios crescentes. Enquanto a taxa básica de juros do Comitê de Política Monetária (Copom) passou de 7,25% ao ano para 11% ao ano entre março de 2013 e maio de 2014, o juro básico do BNDES – a Taxa de Juros de Longo Prazo (TJLP) ficou em 5% ao ano desde janeiro de 2013 e é inferior até à inflação oficial. Ou seja, o subsídio aumentou na quase totalidade das centenas de programas e linhas de crédito do banco, corrigidos pela TJLP e por taxas prefixadas. Mesmo economistas que já ocuparam altas posições no Ministério da Fazenda, como Bernard Appy, sócio da LCA Consultores, entendem que é preciso elevar a TJLP. No patamar de 5% ao ano, ela distorce as alocações de capital.

Segundo, o mercado de capitais será afetado, pois não pode concorrer com o BNDES; ou seja, a política do governo para o BNDES é uma lombada, um obstáculo ao desenvolvimento do mercado de capitais. É como relegar a segundo plano as vantagens que o mercado de capitais traz para a economia, para as empresas que dele se valem para se capitalizar e para os trabalhadores que querem entrar nesse mercado para se tornar acionistas e compartilhar os resultados das empresas. Os empresários questionam: por que tanto esforço para atrair milhares de acionistas e capitalizar a empresa se ela pode tomar dinheiro oficial a custo menor? A existência de uma fonte abundante de recursos baratos afasta, portanto, o mercado de ações. E também outros instrumentos desse mercado – debêntures, notas promissórias, recebíveis em geral, disponíveis para as empresas, que podem emitir esses ativos e se capitalizar. Mas eles ficarão na prateleira enquanto houver dinheiro barato do BNDES.

Terceiro, as empresas podem se viciar no dinheiro barato do banco federal, prejudicando assim o desenvolvimento do mercado de capitais. Vício, afinal, que pode propiciar lucros excepcionais.

Quarto, muitas empresas preferem deixar em caixa ou aplicado em títulos o dinheiro reservado para investir enquanto tomam recursos do BNDES. Assim, diria o detetive inglês: aplicando em títulos do governo, o dinheiro reservado para investir renderá juros superiores aos cobrados pelo BNDES, melhorando os resultados da companhia. Usando esse artifício, pode-se gerar um *spread* de até 4% ao ano. Muitas empresas fazem isso hoje – e a consequência é que o investimento total da economia, a chamada Formação Bruta de Capital Fixo (FBCF), avança pouco, permanecendo há tempos na casa dos 18% do PIB, ou menos (foi de 17,7% no primeiro trimestre de 2014, segundo o IBGE). Parece haver um erro de avaliação, visto entre os maiores erros da política econômica, segundo o economista José Roberto Mendonça de Barros, em artigo publicado no jornal *O Estado de S. Paulo* em 24 de maio. O governo, escreveu Mendonça de Barros, acreditou que "os investimentos subiriam com o tamanho do orçamento do BNDES e outros bancos públicos bem como no volume de incentivos tributários". Mas "os dados do IBGE mostram a estagnação na taxa de investimento brasileiro em níveis compatíveis apenas com crescimento modestíssimo, como o dos últimos tempos". O investimento patina sem que fique clara a influência dos empréstimos do BNDES no aumento da FBCF.

Quinto, a política de campeões nacionais do BNDES não foi bem-sucedida. As empresas consolidadoras de setores em crise (como frigoríficos, lácteos, minérios ou petróleo) não ofereceram resultados compatíveis com os recursos públicos recebidos: o Grupo X se desfez, a Petrobras perdeu quase a metade do seu valor de mercado entre dezembro de 2010 e dezembro de 2013, e quase o mesmo ocorreu com a Vale; a LBR (Lácteos Brasil) consumiu os recursos de R$ 700 milhões injetados pelo BNDES; o grupo Marfrig emagreceu e perdeu grande parte do valor de mercado; o grupo JBS ainda não mostrou como transformar em lucros substanciais os vultosos recursos recebidos desde meados da década de 2000. São exceções algumas grandes empresas que o BNDES capitalizou no passado, como a indústria aeronáutica Embraer, ou "salvou" de uma crise de liquidez, como Fibria, antiga Aracruz, envolvida na crise de derivativos. Ou ainda a BRF (BR Foods). Se a exaustão da política de "campeões nacionais" foi admitida pelo presidente do BNDES, Luciano Coutinho, em fins de 2013, e se mesmo assim persistem as políticas próprias dos "campeões" – um das subsidiárias do grupo JBS, a Pilgrim's Pride, quase adquiriu, em junho, a gigante norte-americana Hillshire, afinal arrematada por outra norte-americana, a Tysons Food, pela enorme soma de US$ 8,5 bilhões –, como então compreender esta continuidade, a não ser como algo politicamente (entenda-se: partidariamente) vantajoso?

Sexto, e o que é fundamental para os objetivos deste livro, os déficits de transparência quanto aos critérios que orientam a escolha dos projetos a serem financiados pelo BNDES. E o mais escandaloso é que antigos dirigentes do BNDES sabem disso, e chegam até mesmo a criticarem as políticas do banco, em alto e bom som. Reconhecem que o resultado de algumas políticas é discutível do ponto de vista do desenvolvimento dos mercados, no curto, no médio e até no longo prazo, ainda que isso não surta efeito algum em termos de reforma estrutural que permita solucionar esses graves problemas. Também reconhecem que tais políticas restringem o mercado de capitais, empurrando para o banco oficial empresas ou modalidades de negócios que não precisariam de financiamento de bancos de desenvolvimento. O ex-presidente do BNDES Pérsio Arida acredita, por exemplo, que não há a menor necessidade de financiar aeroportos. "São negócios privados", disse ele. Ou seja, são interesses políticos, demonstrações claras de que o BNDES ignora a sociedade civil de todas as formas possíveis, seja enquanto objetivo de investimento (mercado de capitais), seja em suas próprias estruturas.

Números não transparentes

O dinheiro que o BNDES empresta às empresas, sejam elas multinacionais, grandes e médios grupos, nacionais e até estrangeiros, micro, pequenas e médias empresas, aparece nos balanços publicados pelas companhias ou nas informações regulares do banco. De fato, só o desembolso nas

109

carteiras Finame, Automático e Cartão BNDES envolveu 1,130 milhão de operações, em 12 meses, entre maio de 2013 e abril de 2014, segundo o Boletim de Desempenho mensal da instituição. E 237 mil operações do Programa de Sustentação de Investimentos (PSI). Em 2013, pelo critério do porte, as maiores empresas (que realizaram 42 mil negócios) ficaram com 61% dos empréstimos desembolsados pelo banco, enquanto as demais – que receberam 39% dos desembolsos – realizaram 1,105 milhão de operações. Esses porcentuais estavam em 64% e 36%, respectivamente, em abril de 2014.[1]

Os balanços de 2013, publicados nos grandes órgãos de imprensa, mostram que enquanto para algumas companhias os empréstimos do BNDES representam uma fração do endividamento, para outras o peso do crédito subsidiado do banco é dominante.

A Petrobras, maior empresa brasileira, não é uma exceção entre os grandes devedores do banco, mas em seu balanço não está claro o quanto ela deve à instituição. Um cálculo do economista Lauro Modesto, do Centro de Estudos de Mercado de Capitais (Cemec), do Ibmec, feito a pedido do autor deste livro, estima que o endividamento da estatal com o banco aumentou de R$ 46,5 bilhões, em 2012, para R$ 67,9 bilhões, em 2013. É um número excessivamente alto, já que o capital do BNDES é de R$ 60 bilhões. O patrimônio de referência é maior, mas ainda assim uma norma especial baixada pelo governo permitiu a realização das operações. As dívidas da Petrobras são separadas por empresas do grupo Petrobras – e assim nenhuma ultrapassa a regra segundo a qual um banco não pode emprestar mais de 25% do seu capital de referência a uma única companhia. Como cada empresa do grupo Petrobras tem um CGC, o problema está resolvido. A mesma regra vale para a Eletrobras, que devia R$ 7,4 bilhões ao BNDES, um pouco menos do que devia a Vale, com endividamento de quase R$ 7,8 bilhões junto ao banco de desenvolvimento federal. Abaixo delas surge a Oi – envolvida numa fusão complicada com a PT Telecom, de Portugal –, que devia R$ 5,9 bilhões ao BNDES, em dezembro.

O BNDES é uma caixa-preta

É curioso notar que na lista de informações passadas pelo banco, dentre as 46 empresas com saldo de empréstimos no BNDES, em 2013, de no mínimo R$ 500 milhões, não aparece, por exemplo, a Marfrig, o grupo frigorífico conhecido pelos laços estreitos que mantém com políticos poderosos e que devia apenas R$ 645 mil, em 2013, ao BNDES. Não cabe surpresa. O maior apoio do BNDES a esse "campeão nacional" está no balanço da BNDESPar, a coligada que reúne as participações do banco no capital de empresas. A BNDESPar tinha, em dezembro, 19,6% das ações ordinárias da Marfrig, ordinárias essas que por sua vez compõem 34% do capital total da empresa. Já na JBS, outro grupo frigorífico que comprou grande parte das operações da Marfrig e é um grande "campeão nacional", a BNDESPar detinha 22,99% do capital, em dezembro.

Estados intervencionistas: exemplos abundantes

Há, entre os clientes do BNDES, os mais diversos tipos – e alguns, de fato, são surpreendentes, como se vê em demonstrativos financeiros de 2013. A Ambev, uma das mais bem-sucedidas empresas brasileiras, apresentava dívidas de cerca de R$ 1,6 bilhão com o banco. Mas uma empresa tão lucrativa precisa de recursos do BNDES, tendo acesso ao mercado de crédito local e internacional? A cervejeira Brasil Kirin, controlada pela Kirin japonesa, que adquiriu a Schincariol, devia mais de R$ 500 milhões ao BNDES em dezembro, a metade relativa a operações da agência Finame. No balanço da Telefônica Vivo aparecem mais de R$ 3 bilhões em financiamentos com o BNDES, em parte corrigidos pela TJLP mais encargos de 0% a 9% ao ano. Lojas Americanas, outra empresa reconhecida pelo mercado, devia mais de R$ 600 milhões ao banco. A Iguatemi Empresa de Shopping Centers tomou recursos do banco para implantar shoppings em Alphaville, Ribeirão Preto e Votorantim. Enfim, diversos exemplos que evidenciam a falta de critérios (transparentes) para decidir o financiamento a projetos de "interesse nacional".

A estatal chinesa State Grid Brazil Holding devia R$ 675 milhões tomados para implantar linhas de transmissão. Outra estatal de energia, a ISA colombiana, tinha quase todo seu endividamento em moeda nacional, cerca de R$ 500 milhões, contratado com o BNDES, parte com juros baixos – 1,5% a 2,6% acima da TJLP. A ISA controla a CTEEP, uma das principais transmissoras de energia do Sudeste e outras companhias de transmissão. E quase todo o endividamento da GRU Airport, concessionária do Aeroporto de Guarulhos, era com a carteira Finem do BNDES, com empréstimos diretos de R$ 1,28 bilhão mais repasses da mesma carteira por intermédio do Banco do Brasil, Bradesco, Itaú, HSBC e Caixa Econômica Federal (CEF).

Que retorno efetivo essas escolhas trouxeram para os cidadãos brasileiros? Salta aos olhos que o dinheiro público está sendo gasto para fins políticos, que, para piorar, permitem a absurda transferência direta do dinheiro do cidadão para o capital privado internacional. Esses exemplos tornam cristalinos os graves déficits democráticos da estrutura do BNDES.

Lições a tirar

Entre os grandes tomadores de recursos do BNDES estão as companhias de eletricidade, que antes da mudança política criada pelas Leis n. 12.767, de 2012, e 12.783, de 2013, tinham boa rentabilidade e ações disputadas por acionistas interessados em receber dividendos regularmente. Grupos como CPFL, Eneva, Tractebel, Neoenergia, Renova, Alupar e Copel figuram entre os grandes tomadores de empréstimos do BNDES. Mas a legislação federal atrapalhou a vida de grande parte dessas empresas (principalmente as que aderiram às regras oficiais), nelas provocando desequilíbrios de caixa. Antes da mudança das regras – e da moratória crescente que se seguiu no mercado de distribuição –, empresas boas poderiam ter se capitalizado em Bolsa ou tomado recursos de bancos privados. Mas o marco regulatório da energia elétrica elevou os custos das empresas, sufocou-as, em alguns casos. E ainda provocou um rombo nas contas da Eletrobras, entre outras consequências. Como já deve estar claro para o leitor, se a preferência fosse pelo mercado de capitais e pelos acionistas – a começar pelos minoritários –, as soluções poderiam ter sido outras.

Em resumo, insistir no endividamento com o BNDES é a política preferencial do governo que, naturalmente, solapa cada vez mais a sociedade civil, já que poderia contribuir para o desenvolvimento de uma cultura de investidores ao incentivar e até mesmo determinar que as empresas que receberam financiamento abram seu capital, tendo como acionistas também os trabalhadores, favorecendo assim a inclusão econômica e social. Além de nada disso acontecer, os déficits de transparência evidenciam cada vez mais que o BNDES é uma verdadeira caixa-preta, do tipo que só será aberta ao público quando um desastre econômico-político acontecer.

NOTA

[1] *Boletim de Desempenho do BNDES*, abr. 2014.

Um banco X-tudo

Uma instituição democrática deve oferecer à sociedade civil informações sobre sua forma de operação, já que sua função democrática restaria extremamente prejudicada se isso não ocorresse. Como já ressaltado, é fundamental perceber que faltam critérios claros que permitam observar qual é a política institucional do BNDES. Sem dúvida alguma é importante investir em áreas sociais e econômicas. No entanto, também é preciso compreender, primeiramente, os critérios que orientam a decisão e, em segundo lugar, quem são os responsáveis por essas decisões. Somente assim a referida instituição poderá ser avaliada e controlada. Caso isso não ocorra, os projetos acabam sendo decididos não para o benefício público, mas sim para benefícios políticos particularistas, como nosso estudo vem demonstrando.

Por isso é possível observar uma estratégia de cooptação política, além de uma articulação que busca fazer do BNDES um cabide de empregos. Tudo isso somente evidencia o déficit democrático dessa instituição, que se transformou em uma verdadeira esfera do segredo comandada pelo

Um caminho para o Brasil

poder oculto. O caso da Petrobras somente reafirma que a consequência imediata da falta de transparência e de participação da sociedade civil é a politização das instituições que deveriam ter no fortalecimento econômico e social nacional seu grande objetivo.

Ora, o BNDES ocupa uma posição privilegiada no noticiário, associada a empréstimos, fartos e de custo módico, desejados por empresas grandes, médias e pequenas. Como nos tempos do Plano de Metas de JK, o banco tem recursos fartos para emprestar – e planos ainda mais ambiciosos. Notícias boas para os tomadores são uma constante nos jornais, nas revistas, na imprensa em geral. A expressão bolsa-empresário, assim chamada pelos subsídios do banco às empresas, desconforta o governo. Mas enquanto os subsídios crescem, as contas públicas padecem. A instituição enfatiza o número de empregos criados em decorrência dos investimentos financiados, mas cabe analisar a relação entre os custos e os benefícios.

Fartas notícias sobre as operações do BNDES destacam-se nas seções de economia. O banco financia, por exemplo, as concessões de infraestrutura de transportes – portos, ferrovias, rodovias e até aeroportos – ou de usinas elétricas, termelétricas ou eólicas, a indústria naval, a produção de sondas para a exploração de petróleo, projetos de exploração de minério de ferro. Empresta também para empreendimentos mais modestos. Cidades-dormitório marcadas pela desproporção entre o elevado número de habitantes e as pequenas receitas tributárias correm atrás de recursos do Programa de Modernização da Administração Tributária e da Gestão dos Setores Sociais Básicos (PMAT), lançado em fevereiro de 2014 – um entre as centenas de programas do banco. Se faltam subestações de energia para atender à demanda prevista na Olimpíada de 2016, lá está o BNDES assegurando créditos de R$ 277 milhões à Light[1] – sem contar outras exigências do Comitê Olímpico Internacional (COI). Não apenas a Caixa Econômica Federal e o Banco do Brasil financiam investimentos em turismo, mas também o BNDES, em proporções pequenas. O pão de queijo não foi esquecido: a fabricante Forno de Minas conta

116

com o BNDES e com o Banco de Desenvolvimento de Minas Gerais (BDMG) para bancar 80% do investimento de R$ 17 milhões iniciado em 2013 para dobrar a capacidade de produção.

Incomum é ler uma carta como a que foi publicada há alguns anos, quando o noticiário tratava da sobra de crédito no banco para investir em armazéns. Segundo o leitor Fernando M. Alvarenga, a realidade "é a total falta de vontade do BNDES e dos bancos intermediários de fazerem com que esses recursos cheguem nas mãos dos produtores".[2] Mas não faltaram R$ 350 mil do banco para financiar a Mostra Nacional de Cultura Camponesa, "organizada por uma certa Associação Brasil Popular (Abrapo), ligada ao MST", apontou editorial de *O Estado de S. Paulo*.[3] O BNDES também financiará a compra de conversores de TV para as empresas de telecomunicações, informou o ministro do Planejamento, Paulo Bernardo, a *O Estado de S. Paulo* de 16 de abril de 2014. A Fundação São Paulo, mantenedora da Pontifícia Universidade Católica (PUC), devia cerca de R$ 5,8 milhões ao banco por repasses dos bancos Santander e Bradesco e garantia hipotecária. E a Real e Benemérita Associação Portuguesa de Beneficência, responsável pelo hospital Beneficência Portuguesa, emprestou R$ 34,5 milhões do BNDES, para expansão do Pronto Atendimento e Diálise e modernização do Hospital São Joaquim. A Conab tem um acordo com o BNDES, que já destinou R$ 5 milhões – de um total de R$ 15 milhões – para fortalecer a produção rural de base familiar. Os recursos vêm do Fundo Social do BNDES.

E há os estádios de futebol, cada um a merecer até R$ 400 milhões de empréstimos do BNDES. Valor justificado pelos quadros do banco por representar até 75% do investimento total em cada estádio e assim compatível, pelo menos em tese, com a remuneração do capital emprestado.

Será questão de tempo saber mais sobre essas operações – afinal, estádios não são obras públicas, como no passado, nem resultam de ações de benemerência. Tampouco podem ser incluídos no rol das pequenas doações para entidades amigas, algo comum no setor público e mesmo no setor privado – nesse caso, com a vantagem de que a doação não vem

Um caminho para o Brasil

de impostos, nem da captação do Tesouro. Antes de saber quem será, ao fim e ao cabo, o verdadeiro dono dos estádios, melhor olhar para grandes operações, incluídas em macropolíticas do banco, em estudo ou em fase de financiamento.

Reportagem de uma editora respeitada, Maria Christina Carvalho, mostrou que o BNDES prevê investimentos de R$ 368 bilhões em infraestrutura entre 2013 e 2015, dos quais 70% ou cerca de R$ 258 bilhões serão financiados.[4] O próprio BNDES deverá entrar com 70% desses financiamentos (algo como R$ 180 bilhões), estimou o diretor de Project Finance do Itaú-BBA, Alberto Zoffmann. Não é pouco dinheiro. Os R$ 180 bilhões, se confirmados, correspondem a 22,5% do investimento total do país neste ano, da ordem de R$ 800 bilhões (o valor investido por todas as empresas e famílias brasileiras). A título de comparação, repita-se, em 2013 o total dos empréstimos do BNDES foi de R$ 190 bilhões.

No ano passado, o governo federal contratou R$ 80,3 bilhões em investimentos nas concessões de rodovias, aeroportos, terminais portuários de uso privado, blocos de petróleo e gás natural e geração e transmissão de energia elétrica, segundo balanço da Secretaria de Acompanhamento Econômico (SAE) do Ministério da Fazenda.[5] O titular da SAE, Pablo Fonseca, anunciou que o governo pretendia intensificar o trabalho junto a investidores internos e externos para popularizar instrumentos de financiamento, como as debêntures de infraestrutura e outros instrumentos do mercado de capitais. A expectativa, segundo a reportagem, é que os mecanismos de mercado de capitais complementem o papel do BNDES. Complementem, apenas, frise-se. Sinal de que o grosso do dinheiro virá do crédito oferecido pelo banco. Pode-se dizer que o mercado de capitais é o varejo e os empréstimos são o atacado, o que uma vez mais confirma a marginal importância que o BNDES dá à sociedade civil, seja na falta de participação desta em suas estruturas, seja em sua exclusão enquanto objetivo institucional.

Mesmo assim, o noticiário é farto nos anúncios de mais recursos do banco para empurrar a economia. Em 17 de janeiro de 2014, *O Globo*

118

noticiou que a Sete Brasil tomou emprestados R$ 8,8 bilhões do BNDES para financiar nove sondas, das 28 encomendadas pela Petrobras. A Sete Brasil é controlada na proporção de 95% pelo FIP Sondas e de 5% pela Petrobras. O FIP Sondas, por sua vez, é controlado por fundos de pensão estatais, três bancos privados, o FI-FGTS, o fundo norte-americano EIG, investidores locais e a própria Petrobras.

Em 17 de fevereiro do mesmo ano, o diretor de Infraestrutura Social do banco, Guilherme Lacerda, informou que o Programa Inova Sustentabilidade, com R$ 2 bilhões de orçamento, tinha uma demanda de R$ 8,2 bilhões, proveniente de 256 projetos, segundo o jornal *Valor Econômico*. E em 5 de março, o noticiário sobre o BNDES dava conta de que o Departamento de Bens de Capital, criado no fim de 2013, estava em funcionamento desde fevereiro, estudando uma carteira de 144 projetos que previam financiamentos de R$ 2,7 bilhões, segundo o jornal *O Estado de S. Paulo*.

Por isso pode-se dizer que os programas de investimentos em infraestrutura contam com recursos maciços do banco. A participação do BNDES nos custos pode chegar a 90% em hidrovias e interseções ferroviárias em trechos urbanos, a 80% em ferrovias, a 70% em portos, dutovias e na viabilização de aeroportos (1º ciclo), operadores logísticos e rodovias. E a 50% no 2º ciclo dos aeroportos e rodovias, segundo a publicação *Valor Setorial*, do primeiro semestre de 2014. Nesse contexto de banco X-tudo, o BNDES perde sua dimensão democrática e transforma-se em um instrumento político do governo, absolutamente despreocupado quanto ao retorno efetivo que as escolhas do banco trarão para a sociedade civil.

Nacionais e estrangeiros

Não só companhias nacionais são financiadas pelo BNDES. O consórcio IE Belo Monte é um exemplo de financiamento a uma companhia governamental do rico Estado chinês, para construir a linha de transmissão da usina. O IE Belo Monte é controlado na proporção de 51% pela State Grid e de 49% pela Eletronorte e Furnas, do sistema Eletrobras. Do financiamento de R$ 5 bilhões o BNDES deverá entrar com 50% a 55%. O que faltar virá do FI-FGTS e de uma emissão de debêntures, segundo o presidente da Eletrobras, José da Costa Carvalho Neto (ver reportagem de *O Estado de S. Paulo* de 8 de fevereiro de 2014). O megaprojeto de minério de ferro Minas-Rio (em estágio avançado, do grupo sul-africano Anglo American) contratou empréstimos de R$ 2,6 bilhões com o BNDES.

Esses exemplos apenas evidenciam como seria fundamental a participação da sociedade civil no Comitê de Orçamento do BNDES, por exemplo, já que é ela a verdadeira financiadora do banco. Além disso, é notório como nem todas as operações teriam de ser contratadas com o BNDES para assegurar a realização do projeto. Retomando o exemplo do financiamento de aeroportos: o consultor Cláudio Frischtak entende que aeroportos não precisam de recursos subsidiados. Seriam viáveis com ou sem os empréstimos do banco, já que projetos já atraem investidores globais, para os quais os incentivos são apenas o *chantilly* sobre os morangos, ou a compensação dada a uma política de tarifas baixas. "Qualquer analista de bom senso olha os números e percebe que são um excelente negócio, sem externalidades grandes. Não precisava de Infraero nem de BNDES", disse ele.[6] A propósito, nada há contra as concessões, só contra a forma de financiá-las. Firschtak defende a inclusão no programa de concessões dos aeroportos de Recife, Salvador e Curitiba, "que são muito demandados". Em resumo, há recursos privados para financiar aeroportos – e esses recursos poderiam ser tomados no mercado de capitais. Seria um bom caminho porque os recursos do banco são finitos. E empreendimentos viáveis buscariam recursos no mercado, arcando com os custos de mercado, porque a taxa de retorno permite a captação de recursos não subsidiados. Essa sim seria uma estratégia de favorecimento da sociedade civil.

No entanto, a prática alienada é muito diferente. A GRU Airport contratou financiamento do BNDES de R$ 3,48 bilhões para obras de infraestrutura do Aeroporto de Guarulhos e o consórcio Inframerica, de R$ 797,1 milhões para a modernização do Aeroporto de Brasília, mostrou reportagem do jornal *O Estado de S. Paulo* de 18 de dezembro de 2013. Já a Aeroportos Brasil Viracopos negociou R$ 1,5 bilhão com o BNDES para obras no Aeroporto de Viracopos, em Campinas.

E os exemplos não param: com a oferta de recursos a custos módicos, grupos brasileiros de porte internacional como Odebrecht pretendem investir entre R$ 30 e R$ 40 bilhões em três anos, dos quais R$ 10 a R$ 15 bilhões em 2014, segundo o ex-presidente do grupo, Marcelo Odebrecht. Os financiamentos do BNDES, naturalmente, serão uma parcela do *funding*.[7]

A política do BNDES respalda a política de controle de preços administrados praticada pelo governo federal. Se o governo quer assegurar preços módicos para os consumidores, o BNDES ajuda. Isso significa que o banco é usado como instrumento do artificialismo tarifário. Financia rodovias em que os concessionários compensam o pedágio insuficiente para cobrir os custos com crédito subsidiado. Assim foram obtidos deságios enormes nas concessões de rodovias, como a BR-163, em Mato Grosso do Sul, vencida pela Companhia de Participações em Concessão, do grupo CCR, um dos líderes da construção de rodovias no país. Dos R$ 6 bilhões que deverão ser investidos na BR-163, nada menos de 70% virá do BNDES, segundo um diretor da CCR, Leonardo Vianna.[8] Ainda maior foi o deságio (61%) da concessão da BR-040, entre Brasília e Juiz de Fora, vencido pelo grupo OAS.

Em resumo: a falta de transparência associada à falta de participação da sociedade civil nas estruturas do BNDES faz com que não fiquem claras as prioridades de acesso aos recursos do banco, de tal forma que não são conhecidas as regras que permitem a uma empresa qualquer pleitear empréstimos. Como observa o consultor Alexandre Schwartsman: "O *staff* do banco é técnico, mas há pessoas que têm mais contato com o banco do que outras. As conexões políticas são importantes". Assim, o caminho percorrido pelo BNDES, hoje, é determinado pela política partidária, e não pela política democrática, não privilegiando a sociedade em nenhum nível, seja na estrutura (participação nos Comitês), ou nos objetivos (investimentos no mercado de capitais).

NOTAS

[1] *Valor Econômico*, 8/11/2014, p. B1.
[2] Cartas de Leitores, *Valor Econômico*, 28/11/2013, p. A15.
[3] *O Estado de S. Paulo*, 4/3/2014, p. A3.
[4] *Valor Econômico*, 17/3/2014, p. F2.
[5] *O Estado de S. Paulo*, 8/1/2014, p. B5.
[6] *Valor Econômico*, 15/12/2013, p. A16.
[7] *Valor Econômico*, 7/4/2014, p. B1.
[8] *O Estado de S. Paulo*, 18/12/2013.

O banco capta além das fontes convencionais

Mesmo sendo possível afirmar que as relações entre BNDES e o Tesouro perderam transparência nos últimos anos, é fundamental perceber como essa constatação está associada à forma como o referido banco tornou irrelevante a sociedade civil, sempre nos dois sentidos aqui abordados. Assim é importante salientar uma vez mais que o BNDES se tornou instrumento financeiro do governo, que remeteu à instituição R$ 380 bilhões em títulos públicos, entre 2008 e 2013. Mais R$ 30 bilhões foram aprovados em 2014. A simbiose entre Tesouro e BNDES afetou a credibilidade do país, cuja classificação foi revista pelas agências de *rating*. Isso significa juros mais altos para trabalhadores, que pagam a conta ao tomar crédito ou comprar produtos, pois as empresas transferem os ônus para os clientes. Além disso, isso faz com que a dívida pública cresça consideravelmente.

Os principais recursos que alimentam o BNDES e suas operações vêm de fontes conhecidas: a receita tributária do PIS-Pasep que é transferida para o Fundo de Amparo ao Trabalhador (FAT) e deste para o banco na proporção de 40% do arrecadado pelo tributo; o retorno das aplicações do banco; e as captações interna e externa de recursos.

Mas das receitas o FAT liberou para o banco R$ 81 bilhões, entre 2008 e 2013, e apenas R$ 15 bilhões, em 2013 – e agora o dinheiro do Fundo se esgota com outra pesada obrigação: custear o seguro-desemprego. A segunda fonte de receita, o retorno dos empréstimos, é calculada pelo BNDES em 77% dos recursos,[1] porcentual aparentemente elevado, como se verá. A terceira fonte, as captações de recursos de terceiros, ocupa plano menor. Entre elas estão as emissões externas e internas, inclusive de debêntures, além de operações compromissadas e Fundo PIS-Pasep.

Mas o *funding* mais abundante e menos oneroso que o BNDES recebe – e que segundo o banco representou 8,3% do total, em 2013 – vem dos títulos públicos transferidos ao banco pelo Tesouro desde 2008. O porcentual de 8,3% deve ser cotejado com os dados da reportagem do jornal *Valor Econômico*,[2] assinada pela jornalista Elisa Soares, do Rio, que faz regularmente a cobertura das entrevistas coletivas do banco. Citando a prestação de contas do banco ao Congresso relativa ao quarto trimestre de 2013, a jornalista escreveu que o BNDES já havia aplicado a totalidade dos recursos recebidos do Tesouro entre 2009 e 2013 (R$ 324,25 bilhões) e "investiu outros R$ 117,78 bilhões provenientes do retorno da carteira de contratos, o que totalizou R$ 442,03 bilhões em desembolsos no período".

Relações pouco transparentes

As relações financeiras entre o governo e o BNDES são amplas e desenvolvidas em várias frentes. No entanto, elas também são pouco transparentes, como já enfatizado. Os críticos dessas relações tratam não só de números, adicionando argumentos contrários ao uso do banco como executor de ordens do controlador, o governo federal. Depoimentos sobre o tema estão logo adiante.

Com a exceção dos especialistas em contas públicas, as relações contábeis entre Tesouro, BNDES e estatais, inclusive estados e municípios, são, de fato, intrincadas. O que elas têm em comum é o vulto dos recursos envolvidos. Tome-se, por exemplo, as remessas de títulos públicos do Tesouro para o BNDES (que, aliás, deixa parte dos papéis em carteira para transformar em caixa na medida das necessidades).

Vamos por partes:

1. **As transferências do Tesouro** – As transferências do Tesouro para o banco entre 2008 e 2013 foram de R$ 380,798 bilhões.[3] E como os títulos têm custo (principal e juros), no final do ano passado o devido pelo banco ao Tesouro já perfazia mais de R$ 400 bilhões. Nas contas do banco relativas a 2013 aparecia um saldo de empréstimos e repasses do Tesouro de R$ 413 bilhões.[4] Dados mais recentes sugerem que esses números continuam crescendo – faltava acrescer os R$ 24 bilhões autorizados por lei em 28/4/2014, segundo a publicação *Resultado do Tesouro Nacional* de 29 de maio. Um total de R$ 30 bilhões estava aprovado para 2014, ainda que a sociedade civil não saiba como esse dinheiro será utilizado e segundo quais critérios, de tal forma que somos sempre informados *a posteriori* sobre os critérios e metas do BNDES.

2. **Impacto macroeconômico** – As análises relativas ao BNDES apresentam ênfases diversas, conforme as fontes e os especialistas. Nada errado, o assunto é complicado mesmo. O ponto comum é que quaisquer que sejam os resultados, há impacto macroeconômico. Para um PIB de R$ 4,83 trilhões estimado em abril pelo Banco Central (ver a nota à imprensa de política fiscal), o endividamento do BNDES com o Tesouro era da ordem de 8,4% do PIB. É um porcentual robusto – e comparável a toda a receita da União do quadrimestre janeiro a abril de 2014, de R$ 418 bilhões.

3. **Banco do Tesouro** – O vulto do orçamento do banco explica a opinião dos que chamam o BNDES de "Banco do Tesouro", como o doutor em Economia pela Unicamp José Roberto Afonso, que por muitos anos trabalhou na instituição e hoje é pesquisador do Instituto

125

Brasileiro de Economia (Ibre-FGV). Em abril de 2014, os saldos de empréstimos do BNDES às pessoas jurídicas e às pessoas físicas atingiram R$ 570 bilhões, o equivalente a 19% da totalidade dos saldos de empréstimos, no país. A maior parte são operações diretas. Os empréstimos e repasses totais constantes do balanço patrimonial do banco de 2013 perfaziam R$ 650 bilhões e o ativo total era de R$ 782 bilhões. Só em 2013 o BNDES desembolsou empréstimos de R$ 190 bilhões, 22% mais do que os R$ 156 bilhões desembolsados em 2012. Entre os destinatários, segundo o economista Mansueto de Almeida,[5] do Instituto de Pesquisa Econômica Aplicada (Ipea), estão a Petrobras e a Eletrobras, além dos estados do Maranhão, Rio de Janeiro, Santa Catarina, Bahia e Amapá. Desses cinco estados, cada um recebeu, nos primeiros nove meses de 2013, entre R$ 1,4 bilhão e R$ 3,8 bilhões – o valor mais alto foi destinado ao Maranhão, governado por Rosana Sarney, filha do senador José Sarney,[6] um aliado do governo federal. Nesse período, entre os dez clientes do BNDES que receberam mais empréstimos figuraram apenas uma empresa tipicamente privada (Supervia) e "outra privada com participação de empresas estatais" – como Mansueto qualificou a hidrelétrica Santo Antônio Energia, concessionária que atua no Rio Madeira. Os outros oito clientes mais bem aquinhoados foram as estatais Petrobras, Eletrobras e Sabesp e os estados mencionados. Como escreveu Mansueto, em fevereiro de 2014: "Nos últimos dois anos, o BNDES emprestou mais de R$ 32 bilhões para bancos estatais, com destaque para o Banco do Brasil e Caixa Econômica Federal". Ele indaga: "É este o papel que se espera do BNDES? Emprestar para estados e para outros bancos públicos?"[7] É uma questão sobre a qual convém se debruçar, e que demonstra a atuação política do BNDES e a falta de critérios discutidos publicamente.

4. **Tudo pelo primário** – O caminho natural para fortalecer o BNDES como instrumento de política econômica seria usar recursos do Tesouro (provenientes de impostos) para capitalizar o banco. Com mais capital, o banco poderia se alavancar tomando recursos no mercado para

ampliar a oferta de crédito. Tudo dentro das regras da Basiléia. Ou seja, das normas do Bank of International Settlements (BIS), o BC dos BCS, que estabelece regras prudenciais de alavancagem. O Ministério da Fazenda preferiu remeter títulos ao BNDES, para que o banco transforme os papéis em caixa quando achar necessário, devolvendo os recursos ao Tesouro a longo prazo. Nas captações do Tesouro de 2013, parte é vencível em 2037, parte em 2041 (24 e 28 anos de prazo, respectivamente) e parte não tem vencimento. Os mecanismos fazem parte do objetivo (não declarado) das autoridades de evitar que o BNDES cause impacto negativo no resultado primário das contas públicas. Explique-se: os títulos enviados ao banco não são lançados como despesa nas contas da União, a despesa virá apenas com os juros pagos. Mas com a venda dos títulos o BNDES usa os recursos para conceder empréstimos a taxas subsidiadas (TJLP de 5% ao ano mais comissões de 0,4% a 4,18%, segundo o banco). O saldo primário é engordado ainda pelos dividendos que o banco remete ao Tesouro por conta dos lucros auferidos com os empréstimos. A remessa de dividendos pagos pelo banco ao Tesouro para ajudar o saldo primário tem sido enorme: R$ 12,9 bilhões em 2012; R$ 7 bilhões em 2013; e quase R$ 3,9 bilhões no primeiro trimestre de 2014. Foram R$ 23,8 bilhões em 27 meses.

5. **O atraso do Tesouro** – O banco só pode emprestar dinheiro subsidiado porque a União paga o subsídio (a diferença entre o que o título rende e o que o BNDES cobra dos tomadores). Mas nem essa conta é paga regularmente: as dívidas acumuladas do Tesouro com o BNDES somavam R$ 17,5 bilhões, em 2013, revelou Mansueto de Almeida à GloboNews.[8] Quase um calote, não fosse o Tesouro um devedor acima de qualquer suspeita, que paga lançando novos títulos no mercado. Essas práticas contábeis não são ilegais, mas distorcem o resultado primário do Tesouro e afetam a credibilidade das instituições.

6. **Ortodoxia às favas** – Práticas contábeis ortodoxas não recomendariam tanto malabarismo financeiro. Por isso se chama o que foi descrito anteriormente pelo nome genérico de "contabilidade criativa".

E assim o Tesouro usa regras legais para obter um superávit primário menos distante do prometido. Mas nem a "contabilidade criativa" basta: em 2012 e 2013, o superávit foi inferior à meta anunciada. E pelas contas conhecidas até o primeiro semestre, parece certo que a meta não será cumprida, em 2014.

7. **Juros renegociados** – Outra benesse conferida ao banco: as dívidas do BNDES com o Tesouro, decorrentes das transferências de títulos, tiveram o custo rebaixado. Em fins de março, R$ 238,2 bilhões devidos pelo banco ao Tesouro foram renegociados e agora são corrigidos pela TJLP. "A medida aumenta o déficit nominal e torna a dinâmica da dívida pública pior", comentou o economista Armando Castelar Pinheiro.[9]

8. **Os restos a pagar** – Há mais mecanismos contábeis usados para aumentar o superávit primário, como os restos a pagar que aparecem na execução do orçamento da União. Esses restos podem ser despesas realizadas, mas não pagas; ou despesas empenhadas, mas não processadas. Ambas têm valores crescentes. E aparecem na rubrica, segundo estudo do economista Felipe Salto,[10] outras despesas correntes, cujos valores para 2014 estão expressos nos Relatórios Resumidos da Execução Orçamentária (RREO) do Tesouro. Valor dos restos a pagar: R$ 20,5 bilhões (processados) e R$ 82,7 bilhões (não processados inscritos no Orçamento). Um montante vultoso: os restos não processados e inscritos eram de R$ 58,3 bilhões em 2012 e cresceram R$ 24,4 bilhões, em 2013. Aí estão as subvenções econômicas. E nelas estão contabilizados os subsídios ao BNDES. Como afirma Salto:

> Essa impressionante evolução indica que o governo estaria postergando a contabilização dos custos com as operações de concessão de crédito aos bancos públicos oficiais (e outros programas de subsídios e subvenção econômica, que de fato não têm aparecido na execução financeira mensal do Tesouro) através da não liquidação de tais despesas, registrando-as para pagamento futuro nos restos a pagar não processados.

Mais grave: o governo aprovou legislação que autoriza a postergação em até dois anos da contabilização desses valores. Está adiando o acerto de conta. Mais tarde, os custos vão aparecer e sobrecarregar as contas fiscais, já bastante ameaçadas no longo prazo. E não faltam pressões sobre as contas públicas, em várias frentes: só as despesas com vencimentos e benefícios a servidores na ativa e aposentados, mais as aposentadorias e pensões do INSS, mais pagamentos do Loas e da Previdência Pública deverão atingir 24% do PIB, em 2040, mais que o dobro do custo atual, inviabilizando as contas públicas, como explicou o especialista Raul Velloso.[11]

9. **O superávit primário real** – O labirinto continua, mas o leitor percorreu até aqui alguns caminhos difíceis para avaliar qual seria o superávit primário mais próximo da realidade. Nos cálculos de Felipe Salto,[12] só o aumento dos restos a pagar ajudou o governo a elevar o superávit primário em 0,2% do PIB, em 2013. Perde-se, diz o economista, transparência nas contas públicas, "o preço que estamos pagando pela adoção da contabilidade criativa como regra geral na gestão das finanças públicas no Brasil". A consequência, diz ele, é "uma expansão fiscal desmedida, cujo controle foge às mãos do próprio governo" e cuja "reversão custará muito caro". Explicando melhor: o déficit primário seria menor do que o Tesouro declara se as contas fossem organizadas sob critérios mais ortodoxos – e de entendimento mais fácil para o público. E se o Tesouro não capitalizasse o BNDES por meio da emissão de títulos públicos, que se tornam dívida do BNDES com o Tesouro. Entre julho de 2006 e julho de 2013, os créditos do governo geral junto ao BNDES aumentaram de 0,4% do PIB para 8,3% do PIB.

10. **O custo do *rating* Brasil** – Tanta complexidade e pouca transparência – o que não é, reconheça-se, privilégio do Brasil – torna mais difícil entender as contas públicas. A "contabilidade criativa" não é ignorada pelas agências de classificação de risco, nem pelos organismos internacionais que acompanham a economia do país. Em abril, entre as recomendações do FMI ao Brasil estava a de "restringir a política de

financiamento (menção cifrada às transferências do Tesouro aos bancos públicos)", inclusive o BNDES, segundo reportagem de Rolf Kuntz, no *Estado de S. Paulo*.[13]

Não devem ser ignoradas as críticas (muitas vezes justas) feitas às agências de classificação de risco. *Rating* pior implica elevação dos custos de capital. Os trabalhadores brasileiros pagam a conta via inflação que corrói salários e via juro mais alto. A piora das contas públicas recai não apenas sobre as empresas, mas sobre as famílias que tomam crédito para consumir. E crédito subsidiado do BNDES significa menos recursos (por definição, finitos) para outras finalidades. O investimento não sobe – ao contrário, caiu de 19,1% do PIB, em 2008, para 18,2% do PIB, no final de 2013, e 17,7%, no primeiro trimestre de 2014. E a eficiência (discutível) na alocação dos recursos não entrou no debate público. "Alguém questionou a sociedade, por intermédio do Congresso Nacional, se é melhor alocar os recursos no BNDES, no Bolsa Família ou no aumento do superávit primário", indaga Felipe Salto. "Esta é uma questão relevante que escancara o grau de arbitrariedade da custosa política em questão", ou seja, que demonstra o déficit de transparência e acesso que marcam a história atual da instituição BNDES.

O cidadão paga quando a política monetária perde eficiência, pois juros mais altos afetam toda a economia. E a conta chega até a ponta da linha. Os custos da "contabilidade criativa" são, assim, generalizados.

Um final duvidoso

Um dos efeitos da política do Tesouro para o BNDES foi inchar o banco e aumentar a participação das instituições de crédito estatais no conjunto do crédito. Em junho, os bancos públicos detinham 52,6% dos saldos de empréstimos totais, cabendo 32,3% aos bancos privados e 15,1% aos estrangeiros, segundo a Nota de Política Monetária e Crédito do Banco Central referente ao primeiro semestre.

O banco capta além das fontes convencionais

Em 2008, quando se descortinou a crise do *subprime* e o mundo entrou em recessão, o governo abriu as comportas do crédito e atenuou o problema econômico local. Agiu bem, no instante zero. Naquele momento, os bancos privados ficaram na retranca (por motivos justificáveis, explique-se, porque grandes clientes ficaram ilíquidos, ameaçando a higidez do sistema financeiro).

Em 2008, o governo fez a política certa, para o momento. Duvidoso foi tornar essa política (que consiste em liberar recursos para o BNDES e em menor escala para outros bancos públicos) uma prática contínua, que acentuou o intervencionismo estatal, mas não conseguiu despertar "o instinto animal dos empresários, animando-os a investir", escreveu o ex-ministro Maílson da Nóbrega em artigo.[14] Faltou confiança, notou Maílson: "Sem esta, o investimento arrefece. A resposta à falta de reação do empresariado foi a avalanche de crédito subsidiado do BNDES, o que expandiu a dívida pública, e piorou a transparência e a credibilidade da política fiscal". Pior, "contribuiu pouco para o investimento".

Em seu comentário às sextas-feiras no jornal *Valor*, a diretora-adjunta da publicação, a respeitada jornalista Claudia Safatle, lembrou que subsídios não explicitados no Orçamento da União constituem um grave problema.[15] Como escreveu Claudia:

> Desde a política de farta concessão de subsídios do governo Geisel, quando as empresas pagavam correção monetária pré-fixada de 20% (ao ano) sobre os empréstimos do BNDES, não há no país uma discussão pública e objetiva sobre os reais efeitos da concessão de subsídios para uns e outros sobre o desenvolvimento do país.

Resumindo, não se sabe se a política de subsídios é eficiente, já que faltam mecanismos de controle e dados aptos para uma avaliação da instituição. Perceba-se: uma vez mais, a falta de transparência manifesta-se.

131

Mais contas, no futuro

Que essa política deixa uma conta para o futuro, não há dúvida, explicou o professor da PUC-Rio Rogério Furquim Werneck em artigo para o jornal *O Estado de S. Paulo* de 28/2/2014: "O que, afinal, deverá acontecer, em 2014, com as gigantescas transferências de recursos provenientes de emissão de dívida pública que o Tesouro vem fazendo ao BNDES, por fora do Orçamento e sem registro adequado nas estatísticas de resultado primário e de dívida líquida do setor público"? Sem a transparência desejável, acrescentou Werneck:

> [...] o uso do crédito dos bancos públicos para alavancar o crescimento da demanda, política adotada aqui no Brasil praticamente sem interrupção desde 2008, tem mostrado com clareza os limites de Basileia 3 no contexto da existência de uma renascida conta movimento entre tais instituições e o erário.[16]

Ex-secretário da Receita Federal entre 1995 e 2002, Everardo Maciel fala, hoje, em "temerária política de crédito do BNDES".[17] Um dos efeitos negativos sobre o mercado de capitais foi ressaltado numa coluna de Elio Gaspari:

> O velho e bom BNDES empresta dinheiro a juros camaradas e a taxa de juros do Banco Central voltou a subir. Com isso, reativou-se uma modalidade de dinheiro fácil. O sujeito pega dinheiro no banco (mais do que precisa), põe parte na empresa e outra em títulos do governo. Caso faça as escolhas certas, com aquilo que empresta à Viúva, ganha, garantidos, 4% ao ano.[18]

Gaspari sugere que assim também há dinheiro para alimentar as "doações de campanha".

O mercado de capitais padece, pois não pode concorrer com tantas facilidades creditícias e subsídios contidos nos empréstimos do BNDES. Como afirmou o economista Jim O'Neill, criador do termo BRICs e um amigo do Brasil: "O Brasil usa muito o Estado para garantir o crescimento da economia: o Estado precisa sair do caminho. São muitos gastos e muito uso do BNDES. É preciso incentivar o setor privado a investir".[19] No entanto, é importante perceber que as empresas deveriam se aproximar do BNDES não somente por razões de custo, mas principalmente para construírem juntos uma relação de parceria que permita o desenvolvimento e o fortalecimento do mercado de capitais.

NOTAS

[1] Relatório de Administração – Sistema BNDES, 31/12/2013.
[2] *Valor Econoômico*, 19/2/2014, p. A3.
[3] Idem.
[4] Relatório de Administração – Sistema BNDES, 31/12/2013.
[5] *Valor Econoômico*, 19/2/2014, p. A3.
[6] Mansueto de Almeida, Valor, 31/1, 1 e 2/2 de 2014, p. A10.
[7] Idem.
[8] GloboNews, *GloboNews Painel*, dia 31 de maio.
[9] Entrevista de Armando Castelar, da FGV, a *O Estado de S. Paulo*, em 25/3/2014.
[10] *Restos a pagar deturpam o regime fiscal*, estudo do economista Felipe Salto, da Tendências Consultoria.
[11] GloboNews, *GloboNews Painel*, dia 31 de maio.
[12] *Restos a pagar deturpam o regime fiscal*, estudo do economista Felipe Salto, da Tendências Consultoria.
[13] Rolf Kuntz, *O Estado de S. Paulo*, 10/4/2014.
[14] Maílson da Nóbrega, *Folha de S.Paulo*, fev. 2014.
[15] Claudia Safatle, *Valor Econômico*, jun. 2014.
[16] Criada em 1965, a "conta movimento" nivelava diariamente os desequilíbrios entre ativos e passivos do Banco do Brasil – o Tesouro cobria o que faltava. Era o símbolo da "contabilidade criativa" dos anos 1980, quando o Banco do Brasil pagava despesas feitas em nome do Tesouro, mas não incluídas no Orçamento. A conta movimento foi extinta pelo então secretário executivo do Ministério da Fazenda, Maílson da Nóbrega, em 1984, ano em que a inflação medida pelo Índice de Preços ao Consumidor (IPC) atingiu 215%.
[17] Everardo Maciel, "Destruindo o Estado brasileiro", disponível em: <http://noblat.oglobo.globo.com/artigos/noticia/2014/04/destruindo-estado-brasileiro-529781.html>, acesso em: 18 jan. 2017.
[18] Elio Gaspari, *Folha de S.Paulo*, 26/1/2014, p. A10.
[19] Jim O'Neill, entrevista a Lucianne Carneiro, em *O Globo*, 2/2/2014.

Muitas dúvidas, algumas certezas

Uma política não democrática transforma uma instituição para a sociedade em um instrumento de governo. O BNDES está na ordem do dia, e a crítica à sua atuação só cresce, já que essa instituição cada vez mais atua como instrumento governamental para fins de fortalecimento do Estado em detrimento das liberdades e garantias da sociedade civil, o que acirra a discussão sobre seu papel. O banco segue políticas públicas ou políticas de governo? Poderia ter evitado tanto prejuízo? Como avaliar sua importância para o país? Cabe cotejar os pontos altos com os pontos baixos de sua atuação?

De toda forma, parece claro que o BNDES é hoje uma instituição que perdeu seu potencial de desenvolver uma nova cultura de mercado de capitais, atenta às demandas sociais e segura de seus compromissos democráticos. Nesse contexto, seu quadro de funcionários competentes também se vê enlaçado pela politização da instituição e incapaz de fazer frente aos déficits de transparência e acesso.

Um caminho para o Brasil

Assim, um juízo acabado – positivo ou negativo – sobre a atuação do BNDES na história brasileira é tarefa delicada, já que os últimos anos jogam a favor do descrédito dessa instituição. No entanto, é importante notar alguns pontos positivos decorrentes da história do BNDES, e que poderiam servir como estímulo para uma reorganização jurídico-administrativa em prol de sua autonomia:

1. O desenvolvimento de um núcleo capaz de pensar o futuro econômico do Brasil, um verdadeiro *think tank*, desde a criação, em 1952.

2. A condição de executar políticas as mais diversas, seja voltadas para o crescimento do PIB, seja para as MPEs, seja para as áreas social e ambiental (algumas fora do escopo deste livro).

3. A criação de um celeiro de profissionais de alto nível, bem pagos e qualificados, contratados por concurso público, muitos dos quais se formaram no banco e ao sair se tornaram grandes empresários e executivos ou chegaram às mais altas esferas de governo.

4. O desenvolvimento do mais completo banco de projetos do país – em especial, nas áreas da indústria e da infraestrutura.

5. O conhecimento profundo do universo empresarial brasileiro, em especial, dos grandes grupos e das grandes empresas que, com regularidade, tomam recursos de longo prazo no banco ou têm ações na carteira da subsidiária BNDESPar.

6. A *expertise* sobre mercados brasileiros, da energia produzida por hidrelétricas, termelétricas, PCHs, nucleares e eólicas, a portos, aeroportos e rodovias, a eixos de desenvolvimento, ao crédito e ao mercado de capitais.

7. A capacidade de entender e acompanhar os mais complexos avanços tecnológicos aplicados à vida das empresas.

8. O predomínio de um ambiente interno propício à discussão, permitindo a convivência entre personagens das mais diversas correntes ideológicas, de quadros próximos do Regime Militar

a membros de partidos políticos situados à esquerda do espectro político, como o senador Saturnino Braga, os economistas Celso Furtado, Rômulo de Almeida e Juvenal Osório, além de Maria da Conceição Tavares, sem que as preferências ideológicas de cada um atrapalhassem o exercício das funções profissionais.

9. A condução de programas de envergadura, como a implantação do Plano de Metas de Juscelino Kubitscheck, no final dos anos 1950 e o Plano Nacional de Desestatização, gestado e testado no banco antes mesmo de ser formalizado, em 1990.

O BNDES nasceu como instrumento do planejamento indicativo no Brasil. Continua sendo isso – e mais. Executou ou participou da execução das principais políticas públicas relacionadas ao financiamento de longo prazo. Buscou dar ênfase à expressão "social" incorporada ao nome nos anos 1980, incluindo nessa categoria empréstimos a prefeituras, como as de Belo Horizonte e Praia Grande, a hospitais como o Albert Einstein e a Beneficência Portuguesa, a companhias de saneamento, como a Sabesp e a Copasa. Empresta recursos para grandes e pequenos empreendimentos. Vem ampliando as operações com Micro, Pequenas e Médias Empresas (MPEs).

Teve, em especial, papel decisivo no processo de industrialização do país. Poucos especulam sobre como teria sido esse processo se o BNDES não existisse. Antigos funcionários falam do respeito que têm pela instituição, anos após terem dela saído. Nildemar Secches é uma referência na história do BNDES. Ex-diretor do banco e do BNDESPar, hoje vice-presidente do Conselho de Administração do grupo WEG, de Santa Catarina, lembra-se do "aspecto coletivo, do sentimento de ética de comportamento, (quando) não era possível agir (errado) perante os pares". Elena Landau, ex-diretora de privatização do banco, fala com emotividade sobre sua época no banco e sobre a concentração de empréstimos atual: "Morro de pena, adoro o BNDES".

Um caminho para o Brasil

A transformação

Nos últimos anos, o banco se transformou. Perdeu peso como executor independente de políticas públicas e ganhou como agente das políticas de governo. Adquiriu dimensões gigantescas. Emprestou mais a estatais, a estados e a "campeões nacionais" escolhidos com base em critérios mal conhecidos, sempre com a total exclusão da sociedade em suas estruturas deliberativas.

Ao mesmo tempo, a política do BNDES perdeu transparência. Mas transparência, acesso e visibilidade são justamente os atributos que conferem legitimidade à instituição. E é a legitimidade do BNDES que está em discussão. Depende dos atos do banco, mas também da publicidade que se dê a eles. Afinal, é a maior instituição financeira do país e uma instituição pública – que deve satisfações ao público, que em última análise, assegura os recursos de que precisa o BNDES e lhe confere legitimidade.

As operações do BNDES são quase todas subsidiadas. E subsídios são transferências de renda do Estado para cidadãos, para empresas públicas ou privadas. Ou para unidades federadas. "Se é subsídio, deve ser concedido pelo Tesouro, não pelo banco", diz o pesquisador associado do Instituto Brasileiro de Economia (Ibre-FGV) Samuel Pessôa. Por isso outro economista e ex-funcionário do banco, José Roberto Afonso, chama o BNDES de 'Banco Tesouro". Se as figuras do banco e do Tesouro se confundem a tal ponto que fazem lembrar a antiga "conta movimento" do Banco do Brasil, extinta nos anos 1980, a transparência torna-se imperiosa.

Legalmente, Tesouro e BNDES são instituições bem diferentes. O Tesouro é o executor do Orçamento Geral da União (OGU), o responsável pelo equilíbrio fiscal. O BNDES é um banco, sujeito a todas as exigências a que se submete uma instituição financeira, inclusive a do sigilo das operações. Mas se as operações do banco se interligam com as do Tesouro, têm de ser acompanhadas de perto pela sociedade. Ainda mais se forem megaoperações, com maior ou menor impacto macroeconômico,

138

como as realizadas nos últimos anos com as empresas do grupo Petrobras, com os grupos X, JBS e Oi. Ou operações de financiamento a projetos no exterior, como para financiar o porto cubano de Mariel e o metrô de Caracas. Ou operações economicamente discutíveis, como os financiamentos a estádios de futebol construídos para a Copa do Mundo de 2014. Delas todas participou o BNDES.

Por exemplo, o banco adiantou quase R$ 10 bilhões para a Petrobras construir a Refinaria Abreu e Lima, em Pernambuco, quando nem havia um projeto executivo de construção. Os custos da Refinaria Abreu e Lima saíram de uma estimativa inicial de US$ 2,3 bilhões para US$ 20,1 bilhões. Só a diferença custearia mais de dois anos do mais importante programa social de transferência de renda do país, o Bolsa Família.

Os valores vultosos emprestados pelo banco têm de ter visibilidade e transparência. Difícil dissociá-los das contas públicas, deficitárias até no conceito primário, como em maio e junho de 2014. A política do governo para o BNDES poderá fazer estragos nessas contas a médio e longo prazo. Isso está no radar da sociedade, e o BNDES corre o risco de receber uma avaliação severa.

O debate ganha corpo

Não se estranhe, pois, que o debate público sobre o papel do BNDES ganhe espaço. É não só natural – mas ótimo – que isso aconteça. Lançar luz sobre as operações do banco é dever de casa. De um lado estão os defensores, do outro os críticos da atuação do banco. Cabe eliminar dúvidas quanto à qualidade e à finalidade dos créditos e dos investimentos. É o melhor a oferecer para um público pouco afeito a assuntos intrincados do "mundo pequeno" dos "parceiros do rei", nas expressões felizes do economista José Julio Senna e do professor do Insper Sérgio Lazzarini.

As preocupações com o futuro das políticas de subsídios, do seu impacto sobre as contas públicas e do risco de fortalecer ainda mais grupos de interesse que lucram com as benesses estão no centro desse debate.

"Toda concessão de benefício público implica custos para o restante da sociedade", escreveu Marcos de Barros Lisboa, ex-secretário de Política Econômica do primeiro governo Lula, hoje vice-presidente do Insper.[1] Ele assinalou: "Ao fim, ninguém sabe se o que recebe compensa os impactos da complexa rede de proteções concedidas." Sem citar explicitamente o BNDES, o texto aplica-se ao banco:

> Políticas de proteção são justificáveis em alguns casos, e podem promover maior justiça social e contribuir para o crescimento econômico. A dificuldade com essas políticas não é concedê-las, sobretudo se os seus custos são difusos, mas, sim, retirá-las posteriormente, por causa da oposição dos grupos de interesse, fortalecidos pela própria existência da política.[2]

Afinal, notou Lisboa: "Os créditos subsidiados, com *spreads* de 3% ao ano, implicam taxas de juros maiores para os tomadores de crédito livre, que pagam *spreads* de 20% ao ano".

Armando Castelar Pinheiro, que chefiou o Departamento Econômico do BNDES e é hoje coordenador de Economia Aplicada do Ibre-FGV e professor da Universidade Federal do Rio de Janeiro, afirmou, em artigo recente[3] sobre a segmentação do mercado de crédito: o crédito direcionado aumentou de 11,1% do PIB para 25,7% do PIB em sete anos, enquanto crescia o custo fiscal dos subsídios. Em 2014, estimou, "o Tesouro vai gastar 1% do PIB para viabilizar esses subsídios", explicando: "Se a TJLP subisse para 8% – ainda abaixo, portanto, da Selic –, o Tesouro economizaria 0,5% do PIB".

Nesse ponto específico, portanto, há concordância com o pensamento de Bernard Appy, ex-secretário executivo do Ministério da Fazenda no primeiro governo Lula, de que a TJLP, ou seja, a taxa de juros básica do BNDES, está errada. "É preciso corrigir a TJLP", disse Appy em depoimento para este livro. Hoje sócio da LCA Consultores, ele defende a presença do BNDES: "Nos anos 1990, sem o banco haveria menos investimento, dado o Risco País. O PIB seria menor e a poupança seria menor".

No final de 2013, quando ainda se esperava uma retomada da atividade em 2014, autoridades diziam que o BNDES diminuiria os empréstimos – o que não ocorreu. Em entrevista concedida em 2013, o ministro da Fazenda Guido Mantega previu que "se tivermos um 2014 um pouco melhor, a arrecadação também aumentará" e "as condições para apertar a política fiscal estarão criadas". Mas, acrescentou, "é claro que o BNDES não vai deixar do dia para a noite de financiar investimentos. Ele vai diminuir". Respondendo a uma pergunta sobre a hipótese de repetição, em 2013, do expediente das manobras contábeis adotadas pelo Tesouro para cumprir a meta fiscal de 2012, Mantega admitiu aos jornalistas João Villaverde e Ricardo Leopoldo, referindo-se a 2012:

> Então pegamos recursos do Fundo Soberano, que tinha ações da Petrobras. Não poderíamos vender as ações no mercado, porque derrubaria os preços do papel da empresa, então repassamos ao BNDES, e este para Caixa. Isso tudo foi um pouco confuso. Não descumprimos nenhuma regulamentação, mas digamos que ficou embaçado, confuso mesmo. Isso vai mudar, já mudou.[4]

Os dados fiscais do começo de 2014 mostram que pouco ou nada mudou. A confusão admitida pelo ministro continuou presente.

O BNDES está na defesa. Um diretor do banco, Guilherme Lacerda, afirmou em artigo[5] no jornal *Valor Econômico* que "a atuação do BNDES, assim como demais bancos federais, é definida e legitimada pelo Executivo Federal". Não é. O Executivo não pode legitimar seus próprios atos ou os atos das empresas que controla. O Tesouro e o banco são irmãos siameses. Desqualificar a crítica – "a utilidade da crítica requer que não se sustente apenas em retóricas envoltas em tecnicidades assépticas, que na verdade mascaram uma base ideológica ultrapassada", escreveu o diretor do banco – não enriquece o debate. As críticas baseiam-se num fato: a situação fiscal do país piorou. E o BNDES foi usado para mascarar um déficit fiscal crescente. Os dados contábeis transcendem preferências ideológicas.

Uma defesa mais cuidadosa do banco e da política de "campeões nacionais" foi feita pelo ex-secretário executivo do Ministério da Fazenda, Nelson Barbosa:

> A maior parte do volume de recursos do BNDES foi canalizada para linhas voltadas à infraestrutura e bens de capital. O banco fez empréstimos para a consolidação de empresas devido à dinâmica do mercado e da economia. Depois, concluiu-se que seria melhor transformar empréstimo em participação acionária. Não tenho informação suficiente para saber se foi mais adequado ou não. O presidente Luciano Coutinho (do BNDES) disse que essas operações não geraram perdas e acredito nele.[6]

Para o ex-secretário, bastou. E para o público?

Julio Gomes de Almeida, professor do Instituto de Economia da Unicamp e especialista em indústria, nota que "a empresa brasileira, de um ponto de vista geral, é financeiramente frágil e sofre de longa data com a restrição de recursos com prazos e custos compatíveis com o retorno esperado e o risco dos seus investimentos". A alternativa são as fontes oficiais e o BNDES, em especial, mas há limitações, escreveu.[7]

Se há limitações para a maioria das empresas, não há para os "campeões nacionais". Luciano Coutinho disse ao jornal *O Estado de S. Paulo* que a política de "campeões" tinha acabado. Mas não houve mudança de opinião. O presidente do banco explicou, em entrevista sobre os "campeões", ao jornal *Folha de S.Paulo*: "Foi um processo muito positivo. Esse ciclo se cumpriu, porque nós não temos no Brasil em outros setores um conjunto de grandes empresas capacitadas e competitivas a se tornar atores globais".[8] O ciclo está esgotado? – indagou o jornalista Fernando Rodrigues. Coutinho respondeu: "Sim, por falta de opção".

Em outra entrevista, Coutinho[9] chamou de "falácia" a afirmação de que o BNDES elege setores campeões para receber recursos. No que acreditar? No que se acredita é que o chefe do banco tem o nome associado a políticas intervencionistas,[10] como a Lei de Informática e a reserva de mercado, aprovadas quando era secretário executivo do Ministério de Ciência e Tecnologia, no período Sarney. A proteção à indústria nacional custou anos de atraso para o desenvolvimento da informática, sem a contrapartida imaginada: a criação de uma vigorosa indústria de TI no Brasil. Em maio, Coutinho disse a *O Globo*[11] que as críticas à ampliação dos desembolsos do BNDES e ao aporte do Tesouro de R$ 30 bilhões ao banco podem estar "envenenadas e sem racionalidade". Políticos e economistas, disse ele, criticam "sem a compreensão das metas de longo prazo do país". Mas como argumentou a colunista Miriam Leitão no *Globo* de 15 de maio, "o veneno não está na crítica, mas nesse instrumento tóxico de endividamento público" e "na forma de se transferir dinheiro do contribuinte para os grandes empresários. O Tesouro se endivida a 11% e empresta a 5%. Isso é realmente um veneno", escreveu Miriam.

Dois meses antes, Coutinho havia argumentado[12] que "uma nova política operacional já está efetiva" desde o início do ano, "em sintonia com o esforço fiscal" (que não ocorreu). Coutinho defendeu a manutenção da política do banco: "Se o BNDES fizer um ajuste radical, em um contexto no qual a taxa Selic e os custos de capital ainda estão subindo, é claro que os grandes prejudicados seriam o investimento e o crescimento".

Transparência

As dimensões do BNDES dificultam avaliações rigorosas, inclusive de outros órgãos públicos. Falta transparência, segundo o Tribunal de Contas da União (TCU).[13] O TCU abriu auditoria para fiscalizar o maior financiamento da história do banco (à Usina de Belo Monte, construída pelo consórcio Norte Energia), no montante de R$ 22,5 bilhões. Mas o TCU teve dificuldade com os dados – protegidos, segundo o BNDES, pelo sigilo bancário. Houve vários encontros entre a direção do banco e membros do TCU. "Ninguém gosta de ser fiscalizado", resumiu o ministro do TCU José Jorge. Dificuldades semelhantes arrastam-se, há anos, entre o BNDES e a Controladoria-Geral da União (CGU). Diz a CGU:

> As equipes de auditores da CGU mantêm intensos contatos com as equipes do banco em busca de consenso, procurando sempre o melhor ponto de equilíbrio entre o princípio da proteção ao sigilo, que interessa às empresas e ao BNDES, como banco, e, de outro lado, o princípio do interesse público na fiscalização do destino dos recursos públicos, representados, a nosso ver, pelo órgão de controle.[14]

Um exemplo de baixa transparência é o financiamento de obras no exterior, condenado pelo consultor legislativo do Senado Marcos Mendes.[15] Em artigo, Mendes citou os argumentos do titular do banco de que as operações favorecem a exportação de serviços de construtoras e de empresas de engenharia, a entrada de dólares, têm como base o que fazem outros BDS no mundo e a pequena relevância das operações. O autor adverte:

> O primeiro problema é que o BNDES é um banco do governo brasileiro. E esse governo é deficitário, ou seja, tem poupança negativa. Por isso não dispõe de recursos próprios para emprestar. Para colocar dinheiro no banco para que este empreste a terceiros, o governo terá de tomar empréstimo. Ao fazê-lo, ele retira do mercado recursos que estariam disponíveis para empresas e governos interessados em investir no Brasil. Com menos poupança disponível, sobe a taxa de juros (o preço do crédito), onerando os demais demandantes de crédito.

E como o BNDES depende dos recursos do Tesouro, "a concessão de crédito corresponde a uma expansão fiscal (gasto de dinheiro público, financiado por endividamento), haverá um impulso à demanda agregada da economia, que induzirá o aumento do consumo de produtos importados pesando negativamente nas contas externas". Mendes notou que nos últimos sete anos, o BNDES destinou R$ 18 bilhões a financiamentos de obras no exterior. Não é pouco, claro. E só se trata de uma parcela dita "pequena" (2%) dos recursos do banco porque "o BNDES empresta recursos demais".

O volume de créditos do banco chamou a atenção de um especialista estrangeiro, Zohar Goshen, professor da Universidade Columbia que presidiu a autoridade reguladora do mercado de valores mobiliários de Israel entre 2008 e 2001. No país em abril, Goshen notou que o peso do governo no mercado corporativo é tão grande que "não permite ao mercado de crédito privado florescer".[16] Por que ir ao mercado se o governo oferece empréstimos a 7% ao ano? – indagou. "É preciso diminuir a magnitude de intervenções do governo e, eventualmente, privatizar o BNDES, deixando que ele seja um banco normal." Ninguém (ou quase ninguém) propõe a privatização do banco. Já "a política de apoio aos campeões nacionais é uma grande interrogação, a essa altura", disse o ex-presidente do Banco Central Gustavo Franco.[17] Mas, acrescentou Franco, "nada disso quer dizer que o BNDES tenha de ser privatizado. Ele é um banco de fomento federal, com um quadro espetacular de gente que conhece muito bem a indústria brasileira".

Outras questões levantadas por Goshen exigem maior reflexão:

> Por que devemos pensar que o governo sabe qual empresa apresenta mais chances de crescer? Por que acreditar que burocratas podem tomar decisões de alocação de recursos melhor que as do mercado? Não há resposta. Se o governo controla a concessão de crédito e também os fundos de pensão, ele dita para onde vai o dinheiro.

Nas críticas, o ex-presidente do BNDES Edmar Bacha vai além:

Um caminho para o Brasil

O BNDES virou a mãe de todos os empresários brasileiros. Abriram o Tesouro para ele fazer tudo o que queria e o BNDES se tornou [...] esse gigante balofo que está aí, que, na verdade, em vez de complementar, está substituindo o mercado financeiro, distorcendo a alocação de recurso, criando um orçamento paralelo.[18]

Como está, disse Bacha, "virou uma desgraça e tem de voltar aos trilhos". Nem a professora Maria da Conceição Tavares, com princípios estruturalistas, defendeu a política de "campeões nacionais".[19] Disse ela em entrevista:

Não acho uma maravilha de ideia. Muito praticada na Coreia, no Sudeste da Ásia. Não tenho certeza se está dando certo. Uma coisa é falar, outra coisa é provar. Se ocorreu, não tenho dado nenhum para afirmar. A oposição tem que pesquisar e botar os números. Fica tudo no gogó. De qualquer maneira, é uma concentração de capital, sem dúvida.

Um economista crítico da política do BNDES, Márcio Garcia, da PUC-Rio,[20] buscou os números: "Uma das metas do Plano Brasil Maior, adotado em 2011 e válido até 2014, era elevar a taxa de investimento de 18,4% (2010) para 22,4% do PIB". Isso não ocorreu. Ou seja, a política do BNDES não entregou o aumento prometido do investimento no PIB (o último dado é de 17,7%, relativo ao primeiro trimestre de 2014).

O que não resta dúvida é de que o BNDES escolheu "campeões nacionais" ou empresas com *rating* elevado, inclusive estatais, repassou-lhes recursos subsidiados fabricados pelo Tesouro e assim afastou do mercado de capitais muitos dos que participariam desse segmento típico de economias de mercado. Praticou uma política que induz ao endividamento, não à equidade. E dada a alta qualificação da maioria dos dirigentes do BNDES, não se pode imaginar que essa política tenha ocorrido por acaso. Ela só foi adotada porque o mercado de capitais nunca foi prioridade dos últimos governos. Esse descaso de capitais fica ainda mais evidente quando observamos que os principais representantes do mercado de capitais em Londres o consideram um autêntico patrimônio nacional. De toda forma, o que vem caracterizando o BNDES é, como já ressaltado, a total desconsideração da sociedade civil. Diante dessa constatação, o outro lado da moeda só poderia ser a mais evidente politização de uma instituição que deveria dar sustentação à sociedade. Ora, se as instituições são os pilares da democracia, a falta de transparência quanto aos critérios que orientam as ações e o déficit de acesso e discussão pública sobre as metas fazem com que o BNDES perca sua legitimidade perante a sociedade.

O amplo debate que ainda está para acontecer deveria, então, levar em consideração a dupla relação entre instituições e sociedade civil apresentada já na introdução deste livro: é necessário que a sociedade civil participe das estruturas institucionais e, simultaneamente, é indispensável que seu fortalecimento seja um objetivo institucional, ou seja, é fundamental dar eficácia à relação de reciprocidade entre instituições e sociedade civil. No âmbito do BNDES, então, isso significaria, de um lado, defender a participação da sociedade civil na estrutura do banco, notadamente, em alguns dos seus 18 comitês, e, do outro, investir no mercado de capitais como meio de fortalecimento da sociedade civil. Consequentemente, essas reflexões partem da fundamental necessidade de repensar um modelo de governança para o BNDES. Uma maneira efetiva para lutar contra a politização das instituições, contra a partidocracia, seria analisar a produtividade de se desenvolver uma lógica de governança corporativa democrática (IBGC), ou seja, garantir a presença de integrantes independentes da sociedade civil em seus conselhos e comitês. O exemplo dado pela então Bolsa de Valores de São Paulo (Bovespa), que construiu um conselho de administração plural e democrático, com participação de representantes de associações, mulheres, jovens e um presidente de um sindicato (UGT), deve indicar o passo a ser seguido pelo BNDES. Diante da certeza absoluta de que não existem modelos teóricos ideais, mas somente conquistas graduais, essas reflexões apresentam-se somente como propostas embrionárias, que têm como objetivo contribuir para um debate fundamental acerca do modo de operação das instituições responsáveis por trazer crescimento econômico e social para o país.

NOTAS

[1] *O Estado de S. Paulo*, 3/7/2014, p. A2.
[2] Idem.
[3] *Valor Econômico*, 6/6/2014, p. A13.
[4] Entrevista a *O Estado de S. Paulo*, 15/12/2013, p. B1.
[5] *Valor Econômico*, 6/2/2014, p. A10.
[6] *O Estado de S. Paulo*, 15/2/2014, p. B4.
[7] *Brasil Econômico*, 21/3/2014, p. 6.
[8] Entrevista a Fernando Rodrigues, *Folha de S.Paulo*, 10/4/2014.
[9] Fernanda Nunes, *Brasil Econômico*, 3/5/2014, p. 7.
[10] João Villaverde, *O Estado de S. Paulo*, 28/4/2014.
[11] *O Globo*, 15/5/2014, p. 21.
[12] *Brasil Econômico*, 31/3/2014, p. 5.
[13] *O Estado de S. Paulo*, 18/1/2014, p. B4.
[14] Apud Renata Veríssimo, "Disputa entre banco e Controladoria espera parecer da AGU", *O Estado de S. Paulo*, 19/1/2014, disponível em <http://economia.estadao.com.br/noticias/geral,disputa-entre-banco-e-controladoria-espera-parecer-da-agu-imp-,1120268>, acesso em 12 jan. 17.
[15] Marcos Mendes, *Valor Econômico*, 3/6/2013, p. A12.
[16] Entrevista ao jornal *Valor Econômico*, 23/4/2014, p. C7.
[17] Entrevista a *O Estado de S. Paulo*, 27/4/2014, p. B4.
[18] Entrevista a *O Estado de S. Paulo*, 16/3/2014, p. B4.
[19] Entrevista a *O Globo*, 25/3/2014, p. 19.
[20] *Valor Econômico*, 27/6/2014, p. A13.

PARTE III

AGÊNCIAS REGULADORAS: POR UMA NOVA PARTICIPAÇÃO CIDADÃ

Uma vez apresentado o enquadramento teórico geral que guia nossas considerações acerca da dupla relação entre sociedade civil e instituições (participação e objetivos), e já tendo utilizado essa premissa para a análise do BNDES, é chegado o momento de problematizar e discutir as agências reguladoras a partir dessas mesmas premissas.

Naturalmente, o leitor pode neste momento perguntar: "por qual motivo, justamente, as agências reguladoras?". E a resposta seria: por ser mais um exemplo da falta de participação efetiva da sociedade civil naquelas instituições que, supostamente, deveriam estar preparadas e estruturadas para levar o Brasil adiante. Como já salientado, o tipo de análise aqui apresentado permite a construção de uma chave de leitura crítica de todas as nossas instituições, e isso é fundamental. A título de exemplo, não restam dúvidas de que os encaminhamentos teóricos e práticos que compõem a primeira parte deste livro poderiam ser tranquilamente aplicados à CBF. O que isso significaria? Que os interessados e afetados por decisões da referida instituição devem ter a possibilidade de participação em comitês de deliberação.

Um caminho para o Brasil

No entanto, a possibilidade de participação não é suficiente. Por isso ressaltamos na Parte II que o BNDES deveria relacionar-se com a sociedade civil em dois níveis: no âmbito da própria estrutura organizacional (participação da sociedade civil em Comitês) e no âmbito dos objetivos (investimento no mercado de capitais). Ou seja, sem a articulação entre as duas esferas, a possibilidade real de vermos nossas instituições atuando em benefício da sociedade civil é irrisória. É a partir dessa dupla problematização que o leitor, nas próximas páginas, encontrará análises que relacionam agências reguladoras e participação do cidadão.

Vinte anos após a criação das agências reguladoras, autarquias especiais de Direito Público que exercem funções típicas do Estado em três esferas – administrativa, normativa e fiscalizatória –, o momento é de repensar democraticamente o sistema e de contribuir para aperfeiçoá-lo, dotando-o das características há muito tempo esperadas. Isso é extremamente importante nos dias de hoje, até porque vivemos em uma sociedade em que os cidadãos, que cada vez menos acreditam nos partidos políticos e estão indignados com a prestação ineficiente de serviços regulados pelas agências reguladoras, buscam um novo tipo de participação política, que ainda é difusa. As agências reguladoras precisam de um *aggiornamento*, porque existe um cenário novo, no qual a cidadania busca formas de participação na sociedade para fazer valer os seus direitos assegurados pela Constituição. Os protestos de junho de 2013, por exemplo, foram atos que se espalharam pelas ruas de cidades brasileiras e demonstraram a insatisfação dos cidadãos com os serviços públicos – transporte, saúde, educação, setores regulados.

Mas, como já enfatizado, segundo Bobbio, é importante que a democracia política se estenda à democracia social. A cidadania, para ser exercida, precisa das liberdades civis, das garantias políticas e dos direitos sociais, braços da democracia. A Constituição de 1988, conhecida como a "Constituição Cidadã", abre caminhos para a democracia participativa, porém, para isso, é preciso transparência, acesso, visibilidade dos atos públicos. Para opinar sobre os atos do governo, das agências reguladoras, o cidadão precisa ter informação transparente sobre o que está sendo discutido e sobre como as ações afetarão a sua vida. Por isso, é importante democratizar as instituições sociais, educar para a cidadania. Com isso, é possível promover algum aumento na efetivação do princípio da publicidade. Uma vez que representantes da sociedade civil participem ativamente das deliberações públicas, intensifica-se a exigência por transparência dos atos de Estado.

Por isso, esta parte do livro, assim como sua antecessora, pretende estimular o debate proposto por Bobbio, para que haja interferência direta da sociedade na formulação e no controle das políticas públicas, além de práticas de prevenção de conflitos que, por isso mesmo, beneficiam a sociedade civil.

A democracia é um processo, e a história recente, no Brasil, nos ensina isso, sobretudo com os novos tipos de mobilização no espaço público, propiciados pelos avanços das Tecnologias de Informação e Comunicação (TICs). Esses avanços favorecem a constituição de uma esfera pública virtual, um novo espaço de atuação política, ainda que difusa, e que é cada vez mais utilizado para criticar a atuação das agências reguladoras.

Basta aqui citar como exemplo o estudo da Diretoria de Análise de Políticas Públicas (DAPP) da FGV, *A polícia e os "black blocs"—a percepção dos policiais sobre junho de 2013*. Tal estudo afirma que "a facilidade de mobilização gerada pelas redes sociais, o processo de universalização do acesso à internet (via computadores ou aparelhos móveis) sugere uma tendência de aumento da capacidade de indivíduos, mesmo com demandas e interesses diversos, se reunirem para apresentar seus pleitos. A rede gera a oportunidade de dissolução das distinções territoriais, unindo pessoas em torno de demandas difusas, como o direito de manifestar e a cobrança da qualificação dos serviços públicos".[1] As novas tecnologias de informação e comunicação "empoderam" os cidadãos à medida que eles passam a saber mais e, com isso, passam a exigir mais.

Um caminho para o Brasil

O mesmo estudo conclui que "a sociedade civil está cada vez mais conectada aos instrumentos digitais e gerando formas de vocalização, porém, a resposta do Estado e de suas instituições aos novos ambientes virtuais e às demandas ali depositadas continua, por enquanto, em aberto". É justamente nesse contexto que as presentes reflexões se inserem, procurando problematizar questões referentes à necessidade de canalizar a mobilização da cidadania nestes novos tempos para uma efetiva participação democrática nos rumos das agências reguladoras e, ao mesmo tempo, cobrando das agências que se estruturem de uma forma adequada a garantir a prevenção de conflitos na sociedade civil (o conjunto de relações entre indivíduos, grupos e classes sociais que se desenvolvem à margem das relações de poder que caracterizam as instituições políticas).[2]

Vale aqui uma observação fundamental: as agências reguladoras federais estão presentes no noticiário brasileiro diariamente, pois regulam serviços públicos e atividades econômicas, temas com implicações diretas na vida cotidiana das empresas e dos cidadãos, que se acham no direito de reclamar do atendimento que lhes é dispensado ou do desvirtuamento da independência e autonomia que a lei confere a esses entes da administração indireta. Se as agências reguladoras são tão importantes e já existem no Brasil desde meados da década de 1990, por que são pouco conhecidas dos brasileiros e têm falhado no que se refere à garantia dos direitos dos consumidores?

Para responder a essas questões será preciso contextualizar a criação das agências reguladoras no Brasil, processo que se inspirou em experiências internacionais, notadamente as do Reino Unido e as dos Estados Unidos. No Brasil, a criação das agências reguladoras não sucedeu uma discussão do modelo de regulação em si, que tem a ver com controle, fiscalização e normatização das atividades econômicas para evitar abusos contra usuários ou consumidores. Não seria demais afirmar, com base na constatação de que faltou discussão sobre o modelo de regulação, que no Brasil se discute muito pouco assuntos importantíssimos, e que mesmo assim projetos fundamentais pouco debatidos são convertidos em leis ou em decisões que afetam a vida dos consumidores. Isso demonstra, uma vez mais, o déficit de cidadania.

Assim, a preocupação central nesta parte do livro é ampliar o diálogo com a sociedade brasileira sobre o papel das agências reguladoras no Brasil atual, revisitando o contexto histórico de sua criação, questionando a sua atuação nas últimas décadas e trazendo para o presente inquietações sobre o modelo. Inquestionavelmente, algo precisa ser feito para fortalecer o marco regulatório das agências para que elas possam atuar de forma equilibrada, mediando os interesses do governo, dos concessionários e da sociedade civil.

Se aqui é defendida a tese de que um redesenho das agências reguladoras deve ser realizado com a participação efetiva da sociedade civil, o que poderia ser feito? Se as agências já preveem a atuação de participantes independentes, como dar eficácia a isso? Ora, como já ressaltado, a sociedade civil também precisa estar presente nos objetivos das instituições. Se na análise do BNDES foi levantada a questão acerca do investimento no mercado de capitais como forma de oxigenar a sociedade civil e garantir o crescimento econômico e social do país, aqui será o caso de defender que a relação de reciprocidade entre sociedade civil e instituições, no caso das agências, deveria ser pautada pela discussão das relações que podem seguir o mesmo caminho, questionando, por exemplo, se não seria necessário promover um debate para a construção de um modelo que garantisse meios a partir dos quais as agências pudessem investir na prevenção de conflitos, e com isso promover a sociedade civil (destinatária dos serviços). Isso seria a concretização de uma genuína relação de reciprocidade. Naturalmente, também essas questões devem ser compreendidas como um chamamento ao debate público, em público, como diria Bobbio.

NOTAS

[1] Estudos Estratégicos sobre Políticas Públicas. *A polícia e os "black blocs" – a percepção dos policiais sobre junho de 2013*. Rio de Janeiro. FGV/DAPP, 2014. 19 p.

[2] Norberto Bobbio, Nicola Matteucci, e Gianfranco Pasquino (orgs.), *Dicionário de política*, 12. ed., Brasília, Editora Universidade de Brasília, 2004, p. 1.210.

Informativo sobre as agências

**Ordem cronológica de criação
das 10 agências reguladoras brasileiras**

Agência Nacional de Energia Elétrica (Aneel)

A Aneel, autarquia criada em 1996 (Lei n. 9.427/96), regula e fiscaliza a geração, a transmissão, a distribuição e a comercialização da energia elétrica. Vinculada ao Ministério de Minas e Energia (MME), também atende a reclamações de agentes e consumidores e medeia os conflitos de interesses entre os agentes do setor elétrico e entre estes e os consumidores.

Agência Nacional de Telecomunicações (Anatel)

A Anatel promove o desenvolvimento das telecomunicações no país. Criada em 1997 (Lei n. 9.472/97), a agência tem independência administrativa e financeira e está vinculada ao Ministério das Comunicações. A Anatel tem poderes de outorga, regulamentação e fiscalização, e deve adotar medidas necessárias para atender ao interesse do cidadão.

Agência Nacional do Petróleo, Gás Natural e Biocombustíveis (ANP)

A ANP foi criada em 1997 (Lei n. 9.478/97) para regular as atividades da indústria de petróleo e gás natural e dos biocombustíveis. Autarquia federal, vinculada ao Ministério de Minas e Energia (MME), a ANP estabelece regras, contrata profissionais e fiscaliza as atividades das indústrias reguladas.

Agência Nacional de Vigilância Sanitária (Anvisa)

A Anvisa foi criada em 1999 (Lei n. 9.782/99), tem independência administrativa e autonomia financeira, e é vinculada ao Ministério da Saúde. A agência protege a saúde da população ao realizar o controle sanitário da produção e da comercialização de produtos e serviços que devem passar por vigilância sanitária, fiscalizando, inclusive, os ambientes, os processos, os insumos e as tecnologias relacionados a esses produtos e serviços. A Anvisa também controla portos, aeroportos e fronteiras e trata de assuntos internacionais a respeito da vigilância sanitária.

Agência Nacional de Saúde Suplementar (ANS)

Criada em 2000, a ANS (Lei n. 9.961/00) é vinculada ao Ministério da Saúde. Promove a defesa do interesse público na assistência suplementar à saúde, regula as operadoras setoriais, inclusive quanto às suas relações com prestadores e consumidores, e contribui para o desenvolvimento das ações de saúde no país.

Agência Nacional de Águas (ANA)

Criada no ano 2000, a ANA (Lei n. 9.984/00) é vinculada ao Ministério do Meio Ambiente (MMA), mas tem autonomia administrativa e financeira. A agência implementa e coordena a gestão dos recursos hídricos no país e regula o acesso à água, sendo responsável por promover o uso sustentável desse recurso natural, a fim de beneficiar não só a geração atual, mas também as futuras.

Agência Nacional de Transportes Terrestres (ANTT) e Agência Nacional de Transportes Aquaviários (Antaq) pela Lei n. 10.233/01

A ANTT é vinculada ao Ministério dos Transportes e tem independência administrativa e financeira. A agência é responsável pela concessão de ferrovias, rodovias e transporte ferroviário relacionado à exploração da infraestrutura; e pela permissão de transporte coletivo regular de passageiros por rodovias e ferrovias. Além disso, é o órgão que autoriza o transporte de passageiros realizado por empresas de turismo sob o regime de fretamento, o transporte internacional de cargas, a exploração de terminais e o transporte multimodal (transporte integrado que usa diversos meios). A Antaq é vinculada ao Ministério dos Transportes e tem autonomia financeira e administrativa. A agência implementa, em sua área de atuação, as políticas formuladas pelo ministério e pelo Conselho Nacional de Integração de Políticas de Transporte (Conit). Além disso, regula, supervisiona e fiscaliza os serviços prestados no segmento de transportes aquaviários e a exploração da infraestrutura portuária e aquaviária exercida por terceiros.

Agência Nacional do Cinema (Ancine)

A Ancine é uma autarquia especial e, por isso, tem independência administrativa e financeira. Criada em 2001 pela MP 2.228-1 e vinculada ao Ministério da Cultura (MinC), a agência tem como objetivo principal o fomento à produção, à distribuição e à exibição de obras cinematográficas e videofonográficas. Além disso, a Ancine regula e fiscaliza as indústrias que atuam nessas áreas.

Agência Nacional de Aviação Civil (Anac)

Criada em 2005 para substituir o Departamento Nacional de Aviação Civil, a Anac (Lei n. 11.182/05) tem a função de regular e fiscalizar as atividades do setor. É responsabilidade da autarquia, vinculada à Secretaria de Aviação Civil da Presidência da República, garantir segurança no transporte aéreo, a qualidade dos serviços e o respeito aos direitos do consumidor.

Nem toda atividade regulatória estatal requer agências reguladoras para o seu exercício. Na verdade, o exercício da atividade reguladora se confunde, em alguns casos, com o exercício do poder de polícia pelo Estado, e esse poder pode ser exercido diretamente pelo ente estatal, ou através de entidades da chamada administração indireta, desde que

159

Um caminho para o Brasil

regidas pelo direito público. Essas entidades são, em geral, autarquias, de tipo especial ou não. Como exemplos de órgãos e entidades que exercem função reguladora mencionam-se a Secretaria da Receita Federal, o Departamento de Aviação Civil e o Ministério do Trabalho e Emprego (órgãos da administração direta), o Instituto Nacional do Seguro Social (autarquia), o Instituto do Patrimônio Histórico e Artístico Nacional (autarquia), o Instituto Brasileiro de Turismo (autarquia), o Instituto Nacional de Metrologia, Normalização e Qualidade Industrial (autarquia), o Conselho Administrativo de Defesa Econômica (autarquia), a Comissão de Valores Mobiliários (autarquia), a Superintendência de Seguros Privados (autarquia), o Departamento Nacional da Produção Mineral (autarquia) e o Instituto Nacional do Meio Ambiente e dos Recursos Naturais Renováveis (autarquia especial), dentre outros.[1]

As agências reguladoras nos Estados Unidos

O modelo que inspirou a criação das agências reguladoras no Brasil foi, em larga medida, o norte-americano após o New Deal. Os EUA foram o primeiro país a adotar esse modelo organizativo, que serviu de referência a países de tradição francesa do direito administrativo, como a própria França, a Itália, a Espanha, o Brasil e a Argentina.

O grande motor para a criação das agências reguladoras nesses países foi a desestatização. As circunstâncias que levaram os EUA a fortalecer suas agências reguladoras foram completamente diferentes das que incentivaram o Brasil a criar seus entes regulatórios. Lá, foi necessária uma forte regulação estatal (New Deal), pois o país vinha de uma situação de liberalismo ortodoxo. No Brasil, a economia era estatizante, e foi apenas com a desestatização e a privatização que surgiram as agências reguladoras.

Apesar da sua importância para o funcionamento do Estado nos EUA, as agências reguladoras não são mencionadas pela Constituição norte-americana ou por qualquer uma de suas emendas, não havendo qualquer previsão para o seu funcionamento no texto constitucional, nem mesmo de forma indireta. Assim, nos EUA, todas as agências reguladoras são previstas, e criadas, pelo texto infraconstitucional.[2]

A primeira agência reguladora norte-americana foi a ICC (Interstate Commerce Commission/Comissão de Comércio Interestadual), criada em 1887. Sua missão era regular o setor ferroviário em âmbito interestadual.

A segunda agência reguladora, no período 1887-1930, foi a FTC (Federal Trade Commission/Comissão Federal de Comércio), criada em 1914. A FTC foi designada como agência reguladora a partir da transformação de um órgão do executivo chamado de Bureau of Corporations (Escritório das Corporações), o qual havia sido criado em 1903. Guardadas as devidas proporções, a FTC é uma instituição homóloga ao CADE brasileiro, atuando na regulação da concorrência e na fiscalização das práticas de concorrência desleal e de abuso do poder econômico, agindo particularmente como uma agência antitruste. Mais modernamente, a FTC ampliou o seu papel, passando também a atuar na defesa dos consumidores. Em 1913, também foi criado o sistema do FED, instituição correlata ao Banco Central.[3] Em 1927, surgiu a Federal Radio Commission.

O período da Grande Depressão e do New Deal, de 1930 a 1945, foi de fortalecimento não só do poder estatal de intervenção na economia, mas particularmente da autoridade do governo federal, passando-se a defender que a intervenção na economia deveria ser efetuada de forma centralizada, por uma autoridade nacional. A aguda crise econômica enfraqueceu o argumento da autorregulação dos mercados. Esse foi o período de grande expansão do modelo de agências reguladoras, tanto pela criação de novas, como pelo fortalecimento das já existentes.

É nesta fase que surgem o Securities and Exchange Commission/ Comissão de Valores Mobiliários e Câmbio (SEC), destinado a controlar o mercado de capitais (1934); o Federal Communications Commission/ Comissão Federal de Comunicações (FCC), para regular o setor de telecomunicações (1934); o National Labor Relations Board/Conselho

161

Nacional de Relações Trabalhistas (NLRB), para regulação das relações trabalhistas e dos sindicatos (1935); e a Social Security Administration/ Administração da Seguridade Social (SSA), destinada a gerenciar a seguridade social, aposentadorias e pensões (1935).

A disputa entre os *new dealers* – que defendiam um maior poder para as agências – e os críticos somente foi apaziguada com a entrada em vigor do Administrative Procedure Act/Lei de Procedimentos Administrativos (APA), em 1946. O APA foi feito a partir dos trabalhos da Comissão criada pelo presidente Roosevelt e pode ser avaliado como uma solução de meio-termo entre as posições dos *new dealers* e dos críticos. O APA pode ser considerado como a lei geral das agências, nos EUA, e sua aprovação deu início ao período de amadurecimento do sistema das agências reguladoras. Por um lado, ele reconheceu os poderes das agências de elaborarem normas (*rule making*) e de efetuarem julgamentos administrativos (*adjudication*). Por outro, ele impôs controles procedimentais e fortaleceu o controle judicial das agências, pleito que vinha sendo defendido pela ordem dos advogados norte-americana.[4]

> O governo Reagan (1981-1989) marca um período de reformulação do papel das agências, as quais perderam parte da sua independência e passaram a estar submetidas de forma mais próxima à supervisão presidencial. Uma das formas que este controle passou a ser executado foi através do OMB – Office of Management and Budget (Escritório de Planejamento e Orçamento), órgão correlato ao Ministério do Planejamento, Orçamento e Gestão brasileiro. Podemos avaliar que a fase atual é caracterizada pela análise quantitativa e financeira das ações das agências, a cargo do OMB, principalmente através do exame do custo-benefício e estudo dos trade-offs (soluções de compromisso), ou seja, a verificação dos benefícios da regulação em relação aos seus custos e efeitos colaterais. [...]

Informativo sobre as agências

Por outro lado, houve uma alteração do foco da regulação, que deixou de ser exclusivamente direcionada a questões econômicas, como regulação de preços e barreiras de entrada, passando a abranger temas como a defesa do meio ambiente, proteção à saúde e normas de segurança. Esta tendência foi expressamente incluída no Consenso de Washington. Essa nova direção da regulação teve início já na década de 1970, com a criação de diversas agências reguladoras com papéis institucionais afetos à segurança e à proteção do meio-ambiente. [...]

Ainda não está claro, todavia, como as crises econômicas dos Estados Unidos e da Zona do Euro, iniciadas em 2008 e ainda em curso na década atual, influenciarão a política regulatória nos EUA. A crise do mercado imobiliário dos EUA, e do setor financeiro global, parece fortalecer o discurso em prol da regulação estatal. Todavia, não há indícios, no momento atual, de um retorno ao modelo do New Deal, ou seja, de agências absolutamente independentes e com pouco controle político e judicial. No momento atual, as agências reguladoras dos EUA continuam sendo submetidas ao controle político por parte do presidente e do Congresso, bem como a um ativo controle judicial".[5]

O grande número de agências reguladoras nos EUA levou à interpretação de que o direito administrativo norte-americano confunde-se com o direito das agências, sejam elas reguladoras ou executivas, independentes ou subordinadas hierarquicamente ao presidente da República.

Principais agências reguladoras federais dos EUA

- Consumer Product Safety Commission (CPSC): impõe padrões federais de segurança.

163

Um caminho para o Brasil

- Environmental Protection Agency (EPA): estabelece e impõe padrões de poluição.
- Equal Employment Opportunity Commission (EEOC): administra e faz cumprir o Título VIII ou a Lei dos Direitos Civis de 1964 (emprego justo).
- Federal Aviation Administration (FAA): regula e promove a segurança de transporte aéreo, incluindo aeroportos e licenciamento dos pilotos.
- Federal Communications Commission (FCC): regula a comunicação interestadual e internacional por rádio, telefone, telégrafo e televisão.
- Federal Deposit Insurance Corporation (FDIC): garante os depósitos bancários, aprova fusões e práticas auditoriais bancárias.
- Federal Reserve System (FED): regula o sistema bancário; administra a oferta de moeda.
- Federal Trade Commission (FTC): garante a concorrência livre e justa e protege os consumidores de práticas injustas ou enganosas.
- Food and Drug Administration (FDA): administra as leis federais de pureza e segurança alimentar e testes de drogas e cosméticos.
- Interstate Commerce Commission (ICC): aplica as leis federais referentes ao transporte que atravessa fronteiras estaduais.
- National Labor Relations Board (NLRB): previne ou corrige práticas trabalhistas desleais por parte de ambos os empregadores ou sindicatos.
- Nuclear Regulatory Commission (NRC): licencia e regula as instalações nucleares não militares.
- Occupational Safety and Health Administration (OSHA): desenvolve e aplica as normas e os regulamentos federais que garantem as condições de saúde e segurança no trabalho.
- Securities and Exchange Commission (SEC): administra as leis federais relativas à compra e à venda de valores mobiliários.

A SEC passou a ser mais conhecida dos brasileiros no contexto do escândalo da Petrobras (Petrolão), pois, como a estatal é listada na Bolsa de Nova York, está sujeita à investigação por parte das autoridades financeiras norte-americanas. A estatal pode ser punida com multas e seus diretores e conselheiros processados criminalmente e até mesmo podem ser proibidos de dirigir empresas de capital aberto listadas em Bolsa nos EUA.

Agências reguladoras na França

Na França, as agências reguladoras são chamadas Autoridades Administrativas Independentes (AAI), instituição do Estado responsável por garantir a regulação dos setores considerados essenciais e nos quais o governo quer evitar intervir diretamente. As AAI são uma categoria legal relativamente nova porque, ao contrário da tradição administrativa francesa, elas não estão sujeitas à autoridade hierárquica de ministros. Foi com a lei de 6 de janeiro de 1978, que criou a Comissão Nacional de Informática e Liberdades (CNIL), que o termo apareceu pela primeira vez.

As AAI têm poder de recomendação, decisão, regulamentação e sanções; agem em nome do Estado, e certas competências atribuídas à administração lhes são delegadas (exemplo: o poder de regulamentar). As AAI se encontram fora das estruturas administrativas tradicionais e não se submetem ao poder hierárquico. As autoridades públicas não podem dar ordens nem instruções às AAI, e seus membros não podem ser demitidos. Elas constituem, portanto, uma exceção ao artigo 20 da Constituição, segundo o qual o governo dispõe sobre a administração.

O papel de uma autoridade administrativa independente é garantir a regulamentação, isto é, o bom funcionamento de um setor específico em que o governo não intervém diretamente. Trata-se, muitas vezes, de uma área sensível por causa de suas possíveis consequências políticas (por exemplo, radiodifusão), ou por causa de seu impacto econômico (por exemplo, telecomunicações).

Cabem às AAI atos de organização de um setor, submetendo empresas a regras e punindo-as quando necessário, mas levando em conta as

165

Um caminho para o Brasil

demandas e as necessidades dos atores desse setor. Mais do que em uma administração clássica, as AAI devem estabelecer relações de confiança com os atores das áreas as quais têm a incumbência de regular.

Resumidamente, as AAI apresentam três características:

- são autoridades: dispõem de um certo número de poderes (recomendação, decisão, regulamentação e sanção);
- são administrativas: agem em nome do Estado, e certas competências atribuídas à administração lhes são delegadas (exemplo: poder de regulamentação);
- são independentes: controlam ao mesmo tempo setores e autoridades públicas.

Não existe um modelo organizacional único para as Autoridades Administrativas Independentes. No entanto, podem-se distinguir alguns traços gerais. Apesar de "independentes", as AAI têm seu orçamento vinculado a ministérios de competência mais próximos de suas áreas de intervenção. Porém, as AAI, como a AMF (autoridades de mercados financeiros), gozam de autonomia financeira.

As AAI têm um presidente que define a agenda do debate e pode ter seus próprios poderes.

Seus membros são nomeados por meio de arranjos variados (nomeação pelo Poder Executivo ou por outras autoridades, e eleição); o objetivo é evitar influência política excessiva. A duração e as condições de exercício do mandato não são uniformes.

A importância dos serviços das AAI é bastante heterogênea. Existem serviços pouco expandidos, como os do Mediador do Cinema, e outros mais numerosos, como os das AAI de mercados financeiros e do Conselho Superior do Audiovisual (CSA).

Os funcionários podem ser recrutados por contrato em função de sua especialização no domínio da intervenção das AAI, porém, na maioria dos casos, trata-se de funcionários colocados à disposição. Assim, o Defensor dos Direitos é cercado de funcionários, o que, certamente,

Informativo sobre as agências

é uma vantagem, pois eles conhecem perfeitamente as administrações com as quais os administrados estão em conflito. Sua intervenção é, portanto, ainda mais eficaz.

O controle assegurado pelas AAI varia de uma a outra. Algumas AAI são dotadas do poder de sanção. É o caso do Conselho Superior do Audiovisual, que pode infligir penalidades pecuniárias e também interditar uma antena de estação de rádio que tenha gravemente desconhecido suas obrigações. Outras podem formular avisos ou recomendações para resolver dificuldades, como é o caso do Defensor de Direitos. Outras AAI dispõem de poder de regulamentar, que permite fixar regras aplicáveis a um dado setor. Exemplo: CSA.

Além dessas formas de controle, as AAI redigem todos os anos um relatório de atividades, que tem por função principal alertar a opinião pública sobre certos problemas encontrados em suas atividades diárias.

De acordo com Alexandre Santos de Aragão, a maior peculiaridade das AAI é a ausência de personalidade jurídica.[6] Outra peculiaridade das AAI é a não restrição da sua atuação à área de regulação econômica ou de serviços públicos delegados a particulares. Elas abrangem também funções de proteção de direitos fundamentais e de proteção dos cidadãos frente à administração pública, não sendo, portanto, vinculadas exclusivamente ao direito econômico.

Para Denise Auad, as AAI são heterogêneas e realizam cinco funções principais: regulação, proteção das liberdades públicas, avaliação pluridisciplinar e de conhecimento técnico especializado, garantia de imparcialidade do Poder Público e mediação.

Auad destaca como principais poderes das AAI os relacionados à regulação e à aplicação de sanções. Na esfera regulatória, encontram-se as funções de fiscalização e vigilância dos direitos fundamentais, de elaboração de estudos técnicos sobre determinada área de conhecimento especializado, de informação ao público. Na área de sanções, as AAI têm o poder de instaurar inquéritos e realizar investigações contra particulares, podendo, até mesmo, cominar sanções restritivas aos direitos individuais e multas.[7]

167

São limites à autonomia das AAI a obrigação de publicar um relatório anual de prestação de contas e o controle de certas decisões pelo juiz do contencioso administrativo ou judiciário.

Como nos Estados Unidos, boa parte da legitimidade das AAI advém de competência técnica e especialização.

O modelo de agências reguladoras implantado no Brasil é influenciado pelo direito administrativo norte-americano e pelo francês, que é a base do direito administrativo brasileiro.

Resumidamente, uma diferença significativa entre o modelo de agências reguladoras dos EUA e o modelo das AAI é que o primeiro é mais voltado para a regulação de cunho econômico, enquanto o segundo possui, além do caráter econômico, um viés de proteção das liberdades, sobretudo as individuais.

As agências reguladoras dos EUA são um instrumento estatal para disciplinar as atividades privadas, enquanto as AAI são vistas como forma de defesa das liberdades, inclusive contra o próprio Estado.

Principais Autoridades Administrativas Independentes, de acordo com o site Legifrance.gouv.fr

- Agência Francesa de Luta Contra o *Dopping* (ALFD), qualificada como AAI pelo artigo 2 da Lei 2006-405. Diz respeito à luta contra o *dopping* e pela proteção da saúde dos esportistas.
- Agência de Avaliação da Pesquisa e do Ensino Superior (Aeres), qualificada como AAI pelo artigo 9 da Lei 2006-450.
- Autoridade de Controle dos Incômodos Aeroportuários (Acnusa), qualificada como AAI pelo artigo L. 6361-1 do Código de Transportes.
- Autoridade de Controle Prudencial e de Resolução (ACPR), qualificada como AAI pelo artigo 1 da portaria 2010-76.
- Autoridade de Mercados Financeiros (AMF), qualificada como AAI e dotada de personalidade moral pelo artigo 2 da Lei 2003-706 de segurança financeira, modificando o artigo L. 621-1 do Código

Informativo sobre as agências

Monetário e Financeiro. Funde a Comissão de Operações da Bolsa, o Conselho de Mercados Financeiros, o Conselho de Disciplina da Gestão Financeira.

- Autoridade da Concorrência, qualificada como AAI pelo artigo 95 da Lei 2008-776 de modernização da economia.
- Autoridade de Regulação das Atividades Ferroviárias (Araf), qualificada como AAI, dotada de personalidade moral pelo artigo L. 2131-1 do Código de Transportes.
- Autoridade de Regulação das Comunicações Eletrônicas e de Correios (Arcep).
- Autoridade de Regulação de Jogos On-line, qualificada como AAI pelo artigo 34-I da Lei 2010-476, relativa à abertura à concorrência de jogos de azar e jogos de azar on-line.
- Autoridade da Segurança Nuclear (ASN), qualificada como AAI pelo artigo 4 da Lei 2006-686, relativa à transparência e à segurança em matéria nuclear.
- Escritório Central de Tarificação (BCT), considerado como AAI pela Lei 78-12, relativa à responsabilidade e seguro na área da construção.
- Comitê Consultivo Nacional de Ética para as Ciências da Vida e da Saúde (CCNE), qualificada como AAI pelo artigo L. 1412-2 do Código da Saúde Pública.
- Comissão de Acesso aos Documentos Administrativos (Cada), qualificada como AAI pelo artigo 10 da Portaria 2005-650, de 6 de junho de 2005, relativo à liberdade de acesso aos documentos administrativos e à reutilização de informações públicas.
- Comissão Central Permanente Competente em Matéria de Benefícios Agrícolas, considerada como AAI pelo estudo do Conselho de Estado de 2001.
- Comissão Consultiva do Segredo da Defesa Nacional (CCSDN).
- Comissão das Infrações Fiscais.
- Comissão Nacional das Contas de Campanha e dos Financiamentos Políticos (CCFP).

- Comissão Nacional de Controle da Campanha Eleitoral relacionada à eleição do presidente da República.
- Comissão Nacional de Controle das Interceptações de Segurança (CNCIS)(referente ao segredo de correspondências emitidas no contexto das telecomunicações).
- Comissão Nacional do Debate Público (CNDP).
- Comissão Nacional da Melhoria de Negócios.
- Comissão Nacional de Informática e das Liberdades.
- Comissão Paritária de Publicações e Agências de Imprensa (CPPAP).
- Comissão de Participações e Transferências (privatização).
- Comissão de Regulação da Energia (CRE) – eletricidade e gás natural.
- Comissão da Segurança dos Consumidores.
- Comissão de Pesquisas de Opinião.
- Conselho Superior da Agence France Presse.
- Conselho Superior do Audiovisual (CSA) – liberdade de comunicação.
- Controladoria-Geral dos Locais de Privação de Liberdade.
- Alta Autoridade para a Transparência da Vida Pública.
- Mediador do Cinema.

NOTAS

[1] Disponível em <http://www.bresserpereira.org.br/Documents/MARE/Agencias/avaliacao_das_agencias_reguladoras_-_casa_civil.pdf>, acesso em 11 jul. 2015.

[2] Gustavo Augusto Freitas de Lima, "EUA: agências reguladoras e direito comparado", *Revista Jus Navigandi.*, Teresina, ano 17, n. 3290, 4 jul. 2012. Disponível em: <http://jus.com.br/artigos/22159>. Acesso em: 25 jun. 2015.

[3] Idem.

[4] Idem.

[5] Idem ibidem

[6] Disponível em <http://portal2.tcu.gov.br/portal/pls/portal/docs/2053970.PDF>, acesso em 22 jul. 2015.

[7] Idem.

Agências reguladoras, Estado, capitalismo, mercado de capitais

A origem das agências reguladoras no Brasil

As agências reguladoras foram criadas no governo do presidente Fernando Henrique Cardoso, na década de 1990, no contexto do processo de privatização e, de forma geral, no contexto de reforma do Estado brasileiro, que precisava adequar suas estruturas à nova ordem internacional econômica em tempos de globalização (internacionalização dos fluxos financeiros, inserção dos países periféricos na economia global, expansão tecnológica e aprimoramento dos meios de comunicação). O novo Estado precisava regular as atividades privatizadas, balizar a concorrência, fomentar a oferta de serviços e criar oportunidades para o desenvolvimento da iniciativa privada, incentivando o desenvolvimento tecnológico.

O Brasil vinha de um modelo de Estado interventor empresário. Na Era Vargas (1930-1945), foram criadas grandes empresas estatais em quase todos os setores produtivos. O Estado brasileiro emergiu como o provedor do bem-estar social e como empreendedor, ao criar empresas

Um caminho para o Brasil

destinadas à intervenção na atividade econômica e empresas prestadoras de serviços públicos.

A política econômica do Estado Novo (1937-1945) caracterizou-se por um forte intervencionismo estatal. No período, houve a criação de conselhos regulatórios nas áreas de finanças, comércio e recursos energéticos, como o Conselho Nacional do Petróleo ou o Conselho Nacional de Águas e Energia Elétrica. Foi também o período da entrada do Brasil na Segunda Guerra e da criação de um órgão de planejamento integrado chamado Coordenação da Mobilização Econômica. Se a guerra, de um lado, criou dificuldades, impondo limites à importação, de outro, conduziu à retomada do crescimento, estimulando a industrialização.[1]

No Período Militar (1964-1985), o Estado tornou-se ainda mais intervencionista, situação que se prolongou pelo governo Sarney, quando houve o retorno ao Estado Democrático de Direito, a partir de 1985. O agigantamento do Estado teve como consequência uma grave crise fiscal, déficits das estatais e inibição do crescimento econômico da iniciativa privada. Tornava-se necessário, portanto, uma redefinição do papel do Estado, com a identificação de quais atividades realmente ele deveria abranger.

Já a Constituição Cidadã de 1988, no artigo 21, inciso XI, previu a criação de um órgão regulador para explorar os serviços de telecomunicação. Assim, foi criada a Anatel, em 16 de julho de 1997, pela Lei n. 9.472, uma autarquia especial, pertencente à administração indireta e vinculada ao Ministério das Telecomunicações. A Constituição de 1988, ao tratar da ordem econômica, lançou base para a criação de outras agências, mencionando, no artigo 174, o Estado como ente regulador da atividade econômica.

Nesse contexto, surgiu o Programa Nacional de Desestatização (Lei n. 8.031/90, alterada pela Lei n. 9.491/97). A privatização foi uma modalidade de desestatização. O Brasil passou a conhecer uma nova concepção de Estado, o Estado regulador, entre o Estado interventor, que por ineficiência não é capaz de suprir as demandas mais urgentes da sociedade, deixando de garantir direitos básicos dos cidadãos – saúde, educação, habitação, transporte –, e o Estado liberal, que se caracteriza por uma abstenção do governo no âmbito econômico, permitindo uma grande esfera de liberdade e autorregulação do mercado.

Conforme explica Rafael Carvalho Rezende Oliveira,[2] a década de 1990 no Brasil, período em que as agências foram criadas sob a inspiração norte-americana, apresentava as condições sociais, políticas e jurídicas adequadas para o começo de uma nova era na regulação estatal. Do ponto de vista político, o quadro era propício em virtude das ideias liberalizantes da economia adotadas e implementadas pelo governo do presidente Fernando Henrique Cardoso. A insatisfação social com a forma ineficiente de atuação do Estado (intervencionista), que não conseguia, entre outras coisas, reduzir as desigualdades sociais nem diminuir a crise econômica (inflação etc.), fortaleceu os ideais de liberalização da economia. Pretendia-se, em consequência, remodelar a feição do Estado, diminuindo-se o seu tamanho com a transferência de inúmeras atividades ao mercado, mas sem que isso significasse um retorno ao modelo clássico do Estado liberal, pois, agora, o Estado passaria a exercer o seu papel regulador por meio das agências. Em consequência, como modo de preparação do terreno jurídico para a criação de uma nova forma de regulação estatal, são implementadas diversas modificações na Constituição de 1988 e editadas leis que modificam a feição da ordem econômica brasileira. As alterações legislativas com o intuito de liberalizar a economia podem ser assim resumidas: abertura ao capital estrangeiro na Constituição de 1988; atenuação dos monopólios estatais; instituição do Programa Nacional de Desestatização (PND) pela Lei n. 8.031/90, substituída, posteriormente, pela Lei n. 9.491/97.

Houve três etapas no processo de privatização: a primeira, de 1978 a 1990, com a venda pelo BNDES de empresas privadas que haviam sido encampadas ou recebidas pelo Estado como pagamento de dívidas; a segunda, entre 1990 e 1995, privatização de empresas estatais industriais; e a terceira, a partir de 1995, privatização dos serviços públicos.

De forma sintética, pode-se identificar como objetivos da privatização a redefinição da forma de intervenção do Estado no domínio econômico; a redução do perfil da dívida pública; a ampliação dos investimentos da iniciativa privada com a atração do capital estrangeiro; o fortalecimento do mercado de capitais com a venda de ações de estatais em Bolsa e, principalmente, a liberação de recursos do Estado para serem investidos em setores em que sua presença seja essencial na busca do bem-estar social. Neste novo cenário, a administração pública passa a ter um diferente papel na economia, migrando de um Estado fortemente intervencionista para um Estado regulador. Surgem, então, as chamadas agências reguladoras, com finalidade de regulamentar, controlar e fiscalizar a abertura de um mercado econômico, que antes era monopolizado pelo Estado empreendedor.[3]

Agências reguladoras e o papel do Estado na economia

Como já foi visto, as agências reguladoras foram criadas na década de 1990, no contexto da privatização e de um amplo processo de reformas da economia e do aparelho de Estado. Esse processo foi impulsionado no governo do presidente Fernando Henrique Cardoso, com a criação, em 1996, da Aneel e, em 1997, da Anatel. Porém, ao contrário do que diziam os partidos de oposição, principalmente o PT, que o governo estava entregando as estatais brasileiras ao capital estrangeiro, a verdade é que o Estado passou de controlador majoritário de poucas empresas a investidor minoritário em um grande número de companhias. É o que Sérgio Lazzarini chama de "Leviatã minoritário": "o Estado privatiza, mas se mantém amplamente enraizado na economia via participações acionárias e empréstimos".[4]

No artigo seminal "Menos poder ao Leviatã", publicado na revista *Exame CEO* de novembro de 2014, Sérgio Lazzarini, professor titular do

Insper e autor de *Capitalismo de laços* e *Reinventing State Capitalism*, afirma que o Estado deve restabelecer as bases regulatórias para recuperar a confiança dos investidores. Diz ele:

> No começo da década de 1990, com uma estrutura estatal inchada e endividada, pouco restou ao governo senão iniciar um amplo programa de privatizações. Contudo, ao contrário do senso comum, as privatizações antes e durante o governo de Fernando Henrique Cardoso não removeram a centralidade do Estado na economia. É só lembrar que o próprio BNDES foi o agente operacional do processo, participando ativamente de inúmeros consórcios privados como acionista ou emprestador, ao lado de outros atores estatais como os fundos de pensão de empresas controladas pelo governo.

Lazzarini continua:

> Passado o ciclo de privatizações, o primeiro mandato de Luiz Inácio Lula da Silva adotou uma postura relativamente ortodoxa para garantir sua credibilidade no mercado. Mas as raízes do Leviatã minoritário já estavam plantadas. Faltava apenas um impulso para que os laços estatais já presentes na economia tomassem uma feição mais ativa. E esse impulso, também ao contrário do senso comum, não foi dado pela crise financeira de 2008. Sob o governo Lula, as agências reguladoras, tidas como resquício das privatizações, foram enfraquecidas. Em várias alas do governo, havia o desejo de expandir o papel do BNDES e formar grandes "campeões nacionais". Basta notar que as conversações para a fusão de grandes grupos Oi-Telemar, no setor de telecomunicações, e VCP-Aracruz, em papel e celulose – todos eles com participações minoritárias do BNDES ou dos fundos de pensão –,

Um caminho para o Brasil

já estavam em curso antes da crise. A proteção à indústria local e o renascimento de programas para setores específicos (como a indústria naval) também já estavam na agenda. Dessa forma, se as bases do Leviatã minoritário já estavam plantadas, é especialmente no segundo mandato de Lula que o modelo se reforçou.

De acordo com Lazzarini,

[...] assim já era esperado que a continuidade do governo, sob Dilma Rousseff, seguiria passos similares. Mas com uma importante diferença: Dilma acreditava não apenas na intervenção estatal via BNDES e políticas industriais diversas, mas também na ação direta e deliberada das grandes estatais. Esse modelo já estava presente, claro e cristalino, no discurso de Dilma durante o anúncio oficial da sua candidatura, em fevereiro de 2010. Disse Dilma: "Alguns ideólogos chegaram a dizer que quase tudo seria resolvido pelo mercado. O resultado foi desastroso. Aqui, o desastre só não foi maior – como em outros países – porque os brasileiros resistiram a esse desmonte e conseguiram impedir a privatização da Petrobras, do Banco do Brasil, da Caixa Econômica ou de Furnas". É impressionante que todas essas grandes estatais foram usadas no governo Dilma para intervir diretamente nos mercados. O primeiro grande sinal foi o uso da Petrobras para controlar os preços da gasolina. Depois veio a intervenção nos bancos públicos – um evento que também ajudou a sedimentar a visão de que "intervenção funciona", uma vez que a participação de mercado desses bancos cresceu substancialmente. Em seguida, Dilma forçou uma redução nos preços da energia elétrica, cuja conta teve de ser paga, em grande parte, pelas grandes estatais. O BNDES continuou sua expansão desenfreada e passou a ser um agente de transformação de dívida em superávit primário: o Estado se endivida, repassa com juros subsidiados (TJLP) ao BNDES, que então aplica seus ativos a taxas de mercado e devolve o resultado, em dividendos, para o próprio governo. É a chamada "contabilidade criativa".

Cumpre aqui enfatizar de que forma este autor compreende os mecanismos que poderiam encaminhar a reconstrução das agências reguladoras brasileiras. Reproduzo, na íntegra, o trecho do artigo "Menos poder ao Leviatã" sobre esse tema:

> Para criar freios e contrapesos à ânsia do governo em intervir para fins políticos, é preciso reconstruir as agências reguladoras e delegar a sua gestão a técnicos de renome e com independência para submeter as empresas privadas e estatais aos mesmos parâmetros de competição. Um exemplo: a Statoil, petrolífera controlada pelo governo norueguês, não apenas tem sua gestão dissociada do ciclo político como também se submete a uma agência reguladora, a Norwegian Petroleum Directorate, constituída por técnicos de notório conhecimento e reputação. E no caso do Leviatã minoritário? Com mais de 400 bilhões de reais transferidos do Tesouro, o BNDES se avolumou além do que seria prudente dado o aumento da dívida pública e o custo dos subsídios. Como cerca de 60% dos empréstimos do banco ainda vão para grandes empresas, que podem se capitalizar por meio de outros mecanismos de mercado, há espaço não apenas para redução dos subsídios como também dos desembolsos. Empresas grandes só devem receber crédito estatal se os seus projetos gerarem reais benefícios socioambientais ou avanços tecnológicos esperados. Até mesmo o mais recente foco em infraestrutura merece

qualificação. Por exemplo, a concessão de um aeroporto em uma grande cidade, que é um monopólio local com ampla capacidade de geração de caixa, decididamente não precisa de subsídios. Além disso, não faz sentido o BNDESPAR, braço de investimentos do BNDES, permanecer com um número elevado de empresas já estabelecidas na sua carteira, incluindo grandes empresas estatais. A carteira deveria ser reciclada para financiar novos empreendedores, com bons projetos e reais restrições de capital. E, acima de tudo, o BNDES deveria criar mecanismos transparentes e rigorosos de avaliação do impacto dos investimentos e empréstimos, ao mesmo tempo acabando com toda e qualquer forma de contabilidade criativa em suas transações com o Tesouro.

No entanto, o leitor já sabe muito bem que a previsão de transparência e a luta contra a politização partidária das instituições muitas vezes não são nada além de discursos abstratos, sem qualquer dimensão prática. Os brasileiros têm questionado fortemente os poderes da República e as instituições civis sobre a necessidade de transparência, acesso, visibilidade. Atualmente, fala-se muito em inclusão e cidadania. Devemos aproveitar essa quadra da vida brasileira para propor sugestões que contribuam ao aperfeiçoamento do modelo das agências reguladoras.

Se desejamos transparência, visibilidade e acesso em saúde, energia elétrica, transportes terrestres, gestão dos recursos hídricos, aviação civil, vigilância sanitária, todos eles serviços regulados por agências encarregadas do estabelecimento de regras e do controle de qualidade, também queremos que o fortalecimento da sociedade civil seja alçado à condição de objetivo fundamental das próprias agências, notadamente, por meio de investimentos em prevenção de conflitos.

Se considero as reflexões presentes neste livro uma ampliação e um aprofundamento do anterior – *A força das ideias para um capitalismo sustentável* (2014) –, é sobretudo no que se refere a essa mensagem: o

Agências reguladoras, Estado, capitalismo, mercado de capitais

verdadeiro gerador do poder é a ação humana em conjunto, e as instituições responsáveis por estabelecer as condições nas quais vivemos devem sempre levar em consideração a sociedade civil. Como já ressaltado, somente dessa maneira poder-se-ia concretizar uma real relação de reciprocidade entre sociedade civil e instituições.

Agências brasileiras e interferência política

A globalização passou a ter um impacto maior na economia brasileira na década de 1990. O governo do presidente Fernando Henrique Cardoso, que tomou posse em 1º de janeiro de 1995, foi o primeiro a inserir o Brasil, de fato, no processo de globalização, adotando um modelo econômico que visava a uma menor intervenção do Estado na economia. Foi, por isso, chamado de neoliberal, pois intensificou as privatizações de empresas estatais e promoveu intensa abertura ao capital externo.

O ex-presidente, porém, sempre refutou esse rótulo:

> Nos anos 1990, quando se tratava de ajustar a economia para lidar com a globalização, eles (o PT) entendiam que era uma questão de ideologia, o tal neoliberalismo. Não foi só o PT, mas quase todo mundo, por uma posição mais antiquada que propriamente ideológica. Confundiram uma mudança do sistema produtivo, com novas tecnologias e novos métodos de transporte, com ideologia. Meu governo ajustou a economia brasileira à situação do globo.[5]

Fernando Henrique costuma destacar entre os feitos de seu primeiro governo a travessia do Brasil na globalização, cujo ponto alto foi a criação das agências reguladoras "com independência técnica e financeira para impedir a sua captura por interesses políticos clientelistas e para evitar que monopólios privados viessem a substituir os monopólios estatais".[6]

179

Introduzo o tema da globalização porque foi em meados da década de 1990 que surgiram as agências reguladoras. Naquela época, o Estado buscou adequar suas estruturas à nova ordem econômica internacional e passou a regular atividades privatizadas, balizar a concorrência e fomentar a oferta de serviços, criando oportunidades para o desenvolvimento da iniciativa privada. O Brasil passou a conviver com o Estado regulador, uma outra forma de intervenção estatal na economia, sucedendo a atuação direta vigente até então.

A criação das agências reguladoras federais foi uma das políticas mais marcantes do governo de Fernando Henrique, pois se tratou de uma reforma da Constituição de 1988 antes mesmo que esta completasse dez anos. As agências significaram para o primeiro governo FHC o que a Lei de Responsabilidade Fiscal simbolizou no seu segundo mandato.

Mas como já ressaltado, o desenvolvimento das agências reguladoras não foi objeto de discussão pública, ou seja, não privilegiou a sociedade civil enquanto âmbito de autoridade para se manifestar a respeito. Alketa Peci, no estudo "Controle social no contexto da reforma regulatória", diz:

> O primeiro passo foi o encaminhamento das leis e, depois, começaram a se discutir os conceitos básicos do modelo. A criação das agências reguladoras brasileiras foi impulsionada pelas diretrizes do Banco Mundial e a concepção destas últimas inspirou-se nas experiências internacionais, especialmente do Reino Unido, sem, no entanto, preceder o processo de desestatização de importantes setores da economia – como energia elétrica e transportes. As reformas não foram baseadas no amplo consenso da sociedade civil, conforme as experiências de outros países indicavam.[7]

No Brasil, recorde-se, as privatizações da década de 1990, no governo do presidente Fernando Henrique Cardoso, aconteceram em ambiente de enorme pressão da oposição contra a desestatização, sobretudo por parte do Partido dos Trabalhadores, em cujas administrações dos presidentes Luiz Inácio Lula da Silva e Dilma Rousseff têm havido deturpação dos objetivos que nortearam a criação das agências reguladoras. A função destas, primordialmente, é fiscalizar e controlar a prestação de serviços públicos que o Estado delegou ao setor privado, assegurando os direitos dos consumidores. As agências reguladoras, na atualidade, estão longe dessa realidade, e sequer procuraram se modernizar para assegurar esses direitos mediante medidas preventivas.

Um exemplo recente pode tornar as coisas mais claras: constata-se o intervencionismo do governo na Aneel, que informou, no dia 31 de julho, que a bandeira tarifária seguirá vermelha no mês de agosto. Isso significa que os consumidores vão continuar pagando mais caro pela energia consumida, já que a bandeira vermelha mostra que o custo para gerar energia no país está elevado, resultando em cobrança de taxa extra.

O sistema de bandeiras foi criado para sinalizar aos consumidores o real custo de produção da energia, o que é feito por meio da cor da bandeira impressa nos boletos das contas de luz. Se a cor é verde, a situação está normal e não há cobrança de taxa. Amarela, cobra-se R$ 2,50 para cada 100 kWh de energia consumidos. Se vermelha, a taxa sobe para R$ 5,50 para cada 100 kWh. A bandeira vermelha está em vigor desde o início do ano em função da falta de chuvas que reduziu o volume dos reservatórios das principais hidrelétricas do país. Essa situação vem obrigando o governo a manter ligadas todas as termelétricas disponíveis, mesmo com a melhora deste quadro em algumas regiões.

Porém, de acordo com Adriano Pires, diretor do Centro Brasileiro de Infraestrutura (CBIE), não é possível prever quando o governo deverá alterar a bandeira tarifária. Em reportagem da *Folha de S.Paulo*,[8] ele disse temer que o recurso seja mantido indefinidamente, com o objetivo de "pagar outros buracos" no setor elétrico. Para ele, o correto seria utilizar a bandeira amarela ou verde, pois a geração menor das hidrelétricas é uma decisão do governo para recuperar o nível de água dos reservatórios. O uso da bandeira vale para as quatro regiões do sistema interligado nacional (Sul, Sudeste/Centro-Oeste, Norte e Nordeste), que sofrem o aumento de tarifa. Apenas algumas regiões de Amazonas, Amapá e Roraima, que fazem parte do sistema isolado, não arcam com a tarifa extra.

Note-se, nesse caso da bandeira tarifária vermelha, que as ações da Aneel confundem-se com as do governo. De fato, nos últimos anos, foram retiradas algumas competências das agências reguladoras brasileiras, que voltaram para os ministérios. Como veremos adiante, o estatuto das agências reguladoras brasileiras é uma fórmula teoricamente equilibrada, mas a prática revela falhas no funcionamento do modelo. Como já destacado outras vezes, isso significa que a sociedade civil (o conjunto de relações entre indivíduos, grupos e classes sociais que se desenvolvem à margem das relações de poder que caracterizam as instituições políticas),[9] ainda que presente nas estruturas das agências, ainda não é privilegiada enquanto objetivo institucional.

Outro exemplo evidencia a gravidade da situação atual: crítica aberta, publicada na *Folha de S.Paulo* de 4 de agosto,[10] pelo piloto privado de aviões, vice-presidente da Associação de Pilotos e Proprietários de Aeronaves e conselheiro da Anac, Humberto Branco, revela o descalabro no trato das agências reguladoras pelo governo. Outros exemplos sobre essa realidade constam neste livro. O autor do artigo argumenta que a Anac não pode ser dirigida por amadores, nem pode se tornar um balcão de trocas de favores. Dirigentes das agências reguladoras devem ter notório conhecimento sobre os temas que vão regular.

Esta é a razão pela qual Alketa Peci sustenta que "uma das principais premissas do modelo regulatório instituído no Brasil é a equidistância do órgão regulador em relação aos polos de interesse de regulação: o poder concedente (governo), concessionárias e usuários de serviços públicos. Esses grupos de interesse influenciam o processo regulatório e, cada um deles, age de acordo com os próprios objetivos. Visto sob a perspectiva *"agent – principal"*, os objetivos do burocrata não são

Agências reguladoras, Estado, capitalismo, mercado de capitais

necessariamente idênticos aos dos cidadãos ou dos políticos eleitos". No caso das agências reguladoras, o "principal" é o órgão regulador, e o "agente", a firma regulada.

Ainda segundo a autora,

> [...] no caso da regulação é importante visualizar uma estrutura de relações múltiplas entre *principals* e agentes, onde governo, agências, concessionárias e usuários podem apresentar, simultaneamente, papéis de *agent* e *principal*. A existência de participação e controle social é vista como um pré-requisito para o bom andamento do modelo regulatório, de certa forma, igualando o poder e a capacidade de articulação e pressão que o governo, empresas reguladas e usuários apresentam.

No estudo "Controle social no contexto da reforma regulatória", citado anteriormente, há um trecho que explicita o lado vulnerável de uma das pontas do modelo regulatório brasileiro: o papel do consumidor ou do cidadão, tema fundamental para as reflexões aqui apresentadas. Ora, é necessário perceber que o sufocamento da sociedade civil pela colonização ibérica, tal como colocado na primeira parte do livro, é uma das causas da ausência de uma participação cidadã, razão pela qual aqui sempre se enfatizou que a sociedade civil deve participar tanto das estruturas institucionais, quanto ser fortalecida pelos objetivos institucionais. No entanto, não se pode esquecer que a atuação da agência reguladora está fortemente relacionada com o contexto político e social em que ela opera.

Existe uma correspondência entre os traços contextuais e as características internas da burocracia, sendo essa a razão pela qual nossas instituições tendem a ver a sociedade civil como destinatária de políticas públicas indiretas. Por isso é importante considerar, segundo Campos, que

> [...] essas características influenciam a atuação do órgão regulador, uma vez que a atuação deste último tem que ser

183

Um caminho para o Brasil

vista no contexto da configuração Estado-sociedade. Alguns órgãos de defesa do consumidor, como Procons, começaram a desempenhar um papel relevante no contexto de regulação, enquanto outros órgãos, como o Instituto de Defesa do Consumidor (Idec) começam a atuar com um peso cada vez maior na defesa dos interesses dos usuários de serviços públicos. No entanto, o tecido institucional que poderia impulsionar um maior controle social ainda pode ser considerado pouco elaborado. Neste contexto, muitas agências reguladoras partem para uma estratégia de aproximação e comunicação maior com o usuário, a parte menos representada e atuante do modelo regulatório.

De toda forma, é fundamental perceber a extensão dos serviços regulados pelas agências. Assim, são serviços públicos regulados: os de radiodifusão sonora, de sons e imagens (**Anatel**); os serviços e instalações de energia elétrica e o aproveitamento energético dos cursos d'água (**Aneel**); a navegação aérea, aeroespacial e a infraestrutura aeroportuária (**Anac**); os serviços de transporte ferroviário e aquaviário entre portos brasileiros e fronteiras nacionais, ou que transponham os limites do Estado ou território (**Antaq**); os serviços de transporte rodoviário interestadual e internacional de passageiros (ANTT); os portos marítimos, fluviais e lacustres (ANA). As atividades econômicas submetidas total ou parcialmente à livre iniciativa, como petróleo e gás natural, vigilância sanitária, planos de saúde e cinema estão na alçada das agências reguladoras federais de atividade econômica. São elas: ANP, Anvisa, ANS e Ancine.

Conforme mencionado no início deste capítulo, as agências reguladoras afetam os serviços e produtos utilizados rotineiramente pelos cidadãos e, também, o mercado de capitais, pois as regulamentações incidem sobre o preço de serviços e produtos e sobre o valor das ações de empresas no mercado aberto. O represamento de tarifas de eletricidade no governo da presidente Dilma Rousseff, por exemplo, levou a uma situação de graves perdas para as empresas do setor, com reflexos no mercado acionário.

O noticiário cotidiano também nos informa que as agências reguladoras têm sido criticadas por se submeterem a ingerências de partidos políticos, o que denota falha em sua atuação, levando em conta suas características primordiais definidas por lei: independência e autonomia.

Isso significa que a politização das agências políticas é extremamente gravosa para a sociedade civil. Ainda que exista previsão de participação desta na estrutura das agências, na prática, há interferência política nas agências. O ex-presidente Fernando Henrique Cardoso diz[11] que houve um "retrocesso institucional" nos governos do PT. Por influência sindical ou partidária, os dirigentes nem sempre são técnicos. As agências, segundo FHC, devem ser garantidoras de contratos, mas não estão sendo. Um caso de interesses políticos interferindo em agências reguladoras foi a Operação Porto Seguro, investigação da Polícia Federal, no final de 2012, que apurou esquema de venda de pareceres técnicos do governo em favor de empresas privadas. Rosemary Noronha, amiga do ex-presidente Lula e ex-chefe de gabinete da presidência da República em São Paulo, articulou para que os irmãos Rubens e Paulo Vieira fossem nomeados dirigentes da Anac e da ANA, agências reguladoras, respectivamente, de serviços de aviação civil e de águas.[12] O grupo foi acusado de comprar pareceres técnicos de órgãos federais e de oferecer vantagens a agentes públicos para se beneficiarem com a obtenção de uma autorização para construir um porto privado em Santos, por interesse do ex-senador Gilberto Miranda (PMDB-AM).

Outro caso rumoroso sobre o intervencionismo do governo Lula nas agências reguladoras foi a demissão, no começo de 2004, do presidente da Anatel, Luiz Guilherme Schymura de Oliveira. Recém-eleito, o ex-presidente Lula questionou o aumento nas tarifas de telefonia fixa, previsto nos contratos firmados entre a Anatel e as empresas prestadoras de serviço. O então ministro das Comunicações, Miro Teixeira,

185

Um caminho para o Brasil

recomendou a Schymura que não autorizasse o aumento no preço da tarifa até que um acordo fosse feito entre as concessionárias e a Anatel. Como as regras de reajustes eram claras, Schymura autorizou o aumento, o que o desgastou com o Palácio do Planalto. Em 8 de janeiro de 2004, o *Valor Econômico* publicou a reportagem "Mercado recebe mal mudanças na Anatel", salientando que a demissão era o primeiro caso concreto de interferência direta do governo federal no comando das agências reguladoras, e que tal atitude, na opinião de analistas do mercado, representava um aumento do risco regulatório.

Mas a politização, naturalmente, não se restringe a isso. Em sua edição de 26 de janeiro de 2015,[13] o jornal *O Globo* abordou o problema do desfalque de diretores nas agências reguladoras. "Cinco das dez agências reguladoras do governo federal vêm funcionando com diretores interinos, cargos vagos no colegiado ou presidentes improvisados. A indicação de ocupantes desses cargos para sabatina e aprovação pelo Senado é uma atribuição da presidente da República, mas, em algumas situações, diretores estão no exercício da função há quase três anos sem seguir esse rito básico".

Intitulado "A desmoralização das agências reguladoras", o artigo do cientista político e presidente da Arko Advice Pesquisas, Murillo de Aragão,[14] menciona que

> [...] na época em que foi instituído pelo ex-presidente Fernando Henrique Cardoso, o comando das agências tinha um perfil mais técnico e independente. Ainda no governo FHC, a situação começou a piorar em termos de autonomia. No governo Lula, sucederam indicações políticas de cunho técnico precário que só fragilizaram ainda mais o modelo. O Senado Federal, responsável por analisar as indicações para as diretorias das agências, também tem seu quinhão de culpa, não dando o devido tratamento às sabatinas. O ideal seria que estabelecesse critérios técnicos que poderiam rejeitar

a indicação de personalidades de perfil comprometido ou inadequado. O Senado deveria cobrar, de todos os indicados e sabatinados, um relatório anual de suas atividades a fim de que este seja submetido a debate parlamentar. Já que referendaram a indicação do Executivo, cabe aos senadores fiscalizar o desempenho do indicado.

Deve-se destacar que as críticas à instrumentalização política das agências também encontra amparo em especialistas em direito administrativo.

A qualidade da regulação no Brasil está muito aquém daquela produzida na América do Norte, na Europa e mesmo em países da América do Sul, como Chile e Colômbia. Entre os principais motivos desta baixa qualidade está a excessiva politização das agências reguladoras. Essa é a opinião do advogado Gustavo Binenbojm, especialista em Direito Administrativo.[15]

Ao participar do painel "Agências Reguladoras e Reforma Institucional", no XIII *Congresso Brasiliense de Direito Constitucional*, promovido pelo Instituto Brasiliense de Direito Público (IDP), Binenbojm criticou especialmente a gestão das agências nos oitos anos do governo do presidente Luiz Inácio Lula da Silva. Para ele, alguns dos vícios das agências reguladoras remontam à sua criação, mas outros problemas surgiram ou se agravaram nos dois mandatos do presidente Lula. "Assistimos nos últimos anos a um processo de colonização político-partidária das agências reguladoras", com o estabelecimento de cotas de partidos na composição dos conselhos de direção das agências.

"O grau de politização no sentido político-partidário é algo muito preocupante, que compromete a credibilidade do sistema. Compromete a própria ideia da regulação independente como um modelo no qual se pode crer", criticou o especialista, que elencou o que considera os principais problemas enfrentados pelas agências reguladoras e que acabam por prejudicar seu funcionamento. Um deles é o elevado grau

187

de litigiosidade. "Em nome da autonomia, as agências insistem em defender teses já descartadas pelo Poder Judiciário e que não encontram guarida nem mesmo na Advocacia-Geral da União."

Segundo o advogado, as agências insistem em tratar de matérias que estão reservadas à lei. Ou seja, editam atos normativos para regular aquilo que só poderia ser regulado pelo Congresso Nacional. Resultado: os atos normativos são contestados e derrubados pela Justiça. "Tanto o Supremo Tribunal Federal quanto o Superior Tribunal de Justiça já afirmaram a supremacia da lei aos atos normativos editados pelas agências reguladoras."

Foi o que aconteceu em 2 de setembro de 2014, quando o Senado Federal liberou a venda de emagrecedores que haviam sido vetados pela Agência Nacional de Vigilância Sanitária em 2011.

Outras críticas às agências reguladoras da área de infraestrutura partiram do Tribunal de Contas da União (TCU). Após cerca de dois anos de estudos sobre a ANP, a Anatel, a Aneel, a ANA, a ANTT, a Antaq e a Anac. Para o TCU, concluiu-se que as agências reguladoras sofrem com falta de autonomia financeira, não têm processos claros de avaliação e seus dirigentes são escolhidos por critérios "demasiadamente" subjetivos.[16] Essa avaliação foi objeto da reportagem da *Folha de S.Paulo* de 29 de agosto de 2011.

> As agências são submetidas ao orçamento dos ministérios a que estão vinculadas e sofrem com bloqueios orçamentários que impedem até o uso de recursos que elas arrecadam de consumidores para fiscalizar empresas reguladas. Em 2004, as agências gastaram R$ 733 milhões. Esse valor quase dobrou, para R$ 1,4 bilhão, em 2009. Mas a quantia contingenciada (que não pode ser gasta) saltou de R$ 2,5 bilhões para R$ 7,5 bilhões (o triplo). Em documento conjunto enviado ao TCU, as agências informam que concordam com "a conclusão central da análise", mas ressaltam que têm autonomia relativa, já que têm que cumprir regras do serviço público.

Gustavo Binenbojm[17] resume o que parece ser o espírito revisionista em relação às agências reguladoras, atestado por inúmeras críticas, como as recolhidas neste livro, e que se referem essencialmente aos períodos das gestões dos presidentes Luiz Inácio Lula da Silva e Dilma Rousseff. O partido que sucedeu a administração de Fernando Henrique Cardoso, na qual se criaram as agências reguladoras, é o PT. Binenbojm diz:

> Passado o processo de privatizações e desestatizações, o país adentra agora uma segunda onda regulatória, inaugurada pela submissão das agências ao teste da sucessão democrática no governo federal. Esta segunda onda é caracterizada não mais pela preocupação quase que exclusiva com a preservação da autonomia das agências – disfunção provocada pelos objetivos imediatos que orientaram a sua criação –, mas com as questões que têm preocupado os norte-americanos há várias décadas e até aqui negligenciadas entre nós, como controle político, responsabilidade social e legitimidade democrática. Cumprido o papel de geração de confiabilidade para atração de investimentos, apercebem-se agora os agentes econômicos, os agentes políticos e doutrinadores pátrios da necessidade de matizar a autonomia técnica das agências com mecanismos de controle político e jurídico.

> Os focos principais de tensão gerados pela estrutura regulatória brasileira, e que reclamam maior aprofundamento em busca de soluções, são os seguintes: (I) a tensão com o princípio da legalidade, decorrente da adoção por diversas agências da tese da deslegalização e da banalização da edição de resoluções; (II) a tensão com o sistema de separação de poderes e de freios e contrapesos, decorrente da fragilidade dos mecanismos políticos de controle do Presidente e do Congresso, e da timidez do próprio Judiciário no controle

jurídico; (III) a tensão com o regime democrático, especialmente em decorrência da não sujeição dos administradores aos procedimentos de *accountability* eleitoral e da circunstância de estarem investidos em mandatos a termo, que ultrapassam os limites dos mandatos dos agentes políticos eleitos.

Com relação à segunda "tensão" com o sistema de separação de poderes e de freios e contrapesos, incluímos neste livro contribuição do doutor Joaquim Falcão, diretor da FGV Direito Rio e professor de direito constitucional, que foi membro da Comissão Afonso Arinos, a qual elaborou anteprojeto da Constituição de 1988. Em depoimento especial para o livro, Falcão relatou que a Constituição, em seu segundo artigo, estabelece que os poderes são dependentes e harmônicos entre si. No entanto,

> [...] as pessoas, em senso comum, acreditam que eles são assim. Porém, eles não são assim, deveriam ser assim. A Constituição estabelece o dever comum ideal, muito mais ideal do que uma descrição da realidade. Eu vejo que a relação entre os três poderes não é uma relação de independência nem de harmonia. A realidade é que, primeiro, eles não são independentes, eles só são independentes quando considerados sozinhos. Mas eles não existem sozinhos, eles são três. Um existe com os outros dois. Então, eu prefiro dizer que eles são *interindependentes*. Não são interdependentes. Cada um é independente, mas num contexto em que cada um tem de respeitar o outro. Então, se eu tivesse de reescrever a Constituição, eu diria que eles são interindependentes e não independentes. E também não são harmônicos, eles são tensos. A relação entre eles não é uma relação de um momento instantâneo em que eu possa dizer: esse foi um momento harmônico. A relação entre eles é um processo permanente, pelo menos enquanto durar

a democracia. Esse processo é um processo de tensão, eles se disputam, eles concordam, eles convergem, eles divergem, permanentemente. Isso é a democracia. E isso é um cenário também das agências. Estas, às vezes, cumprem o seu papel dentro dos seus limites, às vezes extrapolam. Os poderes vivem de tensão, por que essa tensão? É que todos os três disputam a palavra final sobre o Brasil. É uma disputa pelo trono, que trono? É o da palavra final. Só que essa disputa não tem final.

As consequências práticas dessa interindependência são claras: quando o Judiciário invade a área do Executivo, por exemplo, este reage. E no momento em que o Legislativo invade a área do Judiciário, este reage. Isso significa que as disputas que muitas vezes marcam as agências são "naturais". De acordo com o jurista Joaquim Falcão,

> [...] na democracia, não há poder absolutamente independente. Não vale dizer que a minha independência é com base na técnica como, enganadamente, as agências, às vezes, dizem. A decisão técnica é minha. Quando dizem a decisão técnica é minha esquecem que a decisão técnica tem de ser aplicada. A aplicação da decisão técnica é que é um ato de poder. Não é o conteúdo eventualmente científico de uma decisão de uma agência, por exemplo, na área de saúde. Às vezes, você tem duas ou três estratégias distintas, como se teve sobre a questão dos remédios para emagrecer. Não tenho dúvida sobre o conteúdo técnico das possibilidades. Mas o que não é científico ou técnico é a decisão de aplicar ou não, de investigar ou não, de regulamentar ou não. Na democracia, não há poder independente, muito menos o Judiciário, muito menos as agências, muito menos o Legislativo e o Executivo. Isso fica visível no Executivo e no Legislativo pelo

processo eleitoral, que é um sistema de controle. No julgamento do Mensalão, a ministra Cármen Lúcia (do STF), em uma passagem, disse que o poder do Judiciário depende da confiança que o cidadão deposita nele. Confiança ou desconfiança é um mecanismo de controle, diferente do voto, mas é um mecanismo de controle. O Judiciário tende a convergir com o Legislativo, que é o representante do povo. De modo que essa ideia de independência, se não se aplica aos poderes, também não se aplica às agências.

Ora, é justamente por não se observar essa independência absoluta das instituições que as agências, ao se conscientizarem de sua *inter*independência, devem compreender a sociedade civil como destinatária de suas ações, isto é, devem ter condições de investirem em soluções de conflitos.

O que é regulação? O que são as agências reguladoras?

De acordo com o Relatório do Grupo de Trabalho Interministerial "Análise e Avaliação do Papel das Agências Reguladoras no Atual Arranjo Institucional Brasileiro", de setembro de 2003, a regulação é uma forma contemporânea de ação do Estado. Trata-se, em linhas gerais, do modo como a coordenação entre empresas, cidadãos consumidores e os diferentes órgãos do governo se dá quanto à edição de normas, e cujo objetivo primordial é o de estimular, vedar ou determinar comportamentos envolvendo determinados mercados que, por seus traços próprios, requerem a interferência estatal. A ação regulatória se dá por meio de leis, regulamentos e outras regras editadas pelo poder público e por entidades às quais os governos delegam poderes regulatórios ou normativos.[18]

Ainda segundo esse estudo, a regulação pode ser econômica, social e administrativa. O propósito principal da regulação econômica

> [...] é facilitar, limitar ou intensificar os fluxos e trocas de mercado, por intermédio de políticas tarifárias, princípios de confiabilidade do serviço público e regras de entrada e saída do mercado. A regulação social é a que intervém na provisão dos bens públicos e na proteção do interesse público, define padrões para saúde, segurança e meio ambiente e os mecanismos de oferta universal desses bens. A regulação administrativa, por fim, diz respeito à intervenção nos procedimentos administrativos adotados pelo Poder Público em sua relação com os administrados.

As agências reguladoras federais brasileiras são entes de Direito Público e exercem funções típicas do Estado em três esferas: administrativa, normativa e fiscalizatória.

Elas são consideradas autarquias especiais, o que lhes confere maior autonomia em relação à administração direta, uma vez que seus dirigentes possuem mandato fixo. Odete Medauar define:[19]

> As agências reguladoras são autarquias especiais, integram a administração indireta federal e são vinculadas ao ministro ou órgão equivalente, dotado de competência para tratar da respectiva matéria. A natureza da autarquia especial caracteriza-se pela autonomia administrativa, financeira, patrimonial e de gestão de recursos humanos, autonomia das decisões técnicas e mandato (denominado fixo) dos seus dirigentes.

Os diretores das agências reguladoras federais são escolhidos pelo presidente da República e por ele nomeados após aprovação e autorização do Senado. Uma vez nomeados, os diretores têm um prazo fixo para o exercício da sua função, não podendo ser exonerados pelo Poder Executivo. Essas características visam a uma maior autonomia e independência das agências.[20]

Um caminho para o Brasil

O mencionado estudo sobre a Análise e Avaliação do Papel das Agências Reguladoras no Atual Arranjo Institucional Brasileiro[21] observa que

> [...] a existência de um mandato fixo, atrelada aos graus de autonomia que a lei proporciona à agência reguladora, pretende atender ao requisito de não intervenção do governo, o que proporcionaria maior credibilidade junto aos investidores potenciais e efetivos quanto à maior estabilidade, transparência e previsibilidade do marco regulatório do setor, diminuindo o risco de não cumprimento dos contratos administrativos pelo Poder Concedente. Trata-se, portanto, de uma pedra angular do sistema.

Outra característica das agências reguladoras é que não deve haver coincidência de mandatos dos dirigentes com o mandato do presidente da República, para evitar interferência política. De acordo com o artigo 9, parágrafo único da Lei n. 9.986 de 2000 (Lei das Agências Reguladoras), "os diretores somente perderão o mandato em caso de renúncia, de condenação judicial transitada em julgado, de condenação em processo administrativo disciplinar". No entanto, como já destacado, ainda que este seja mais um mecanismo para evitar que os dirigentes sejam influenciados por questões de natureza política, por medo de serem exonerados de seu cargo, essa regra não tem evitado influências políticas no funcionamento das agências reguladoras brasileiras.

Para evitar a captura de seus dirigentes, as agências reguladoras são dirigidas por um Conselho Diretor. São cinco os integrantes desse Conselho, e todos devem ser brasileiros, de reputação ilibada, formação universitária e elevado conceito no âmbito de especialidade dos cargos para os quais são nomeados (artigo 5 da Lei n. 9.986 de 2000).

O que se entende por "captura"? A "teoria da captura" mostra que o aparato regulatório corre o risco de ser "adquirido" pela indústria, com

Agências reguladoras, Estado, capitalismo, mercado de capitais

"a regulação desenhada e operada primariamente para o seu benefício". Assim, sem correto controle social do regulador, os interesses das indústrias reguladas podem influir e moldar as práticas regulatórias de maneira distorcida. "Agravam o "risco de captura" circunstâncias como a dependência dos tomadores de decisões, a influência política, a dependência da agência reguladora em relação ao conhecimento tecnológico superior da indústria regulada, a seleção indiscriminada de quadros técnicos oriundos do setor ou indústria regulada para servir à agência, a possibilidade de futuras posições ou empregos na indústria ou setor regulado, a rotatividade dos próprios dirigentes das agências em funções exercidas no governo e na iniciativa privada, e quando há necessidade, por parte da agência reguladora, do reconhecimento e cooperação da indústria regulada".[22]

Além disso, as agências devem observar as diretrizes e as orientações impostas pelos ministérios aos quais são vinculadas, pois foram criadas com o intuito de aplicar essas políticas públicas e diretrizes. Portanto, há limites à independência das agências reguladoras. Apesar de "independentes", elas devem ser capazes de manter um diálogo frequente com os ministérios e outros entes da administração, para que suas imagens e missões não sejam prejudicadas.

Também vale a pena destacar que uma agência reguladora apenas pode ser criada por lei, e essa exigência está disposta no artigo 37 XIX da Constituição Federal. Da mesma forma, a extinção de uma agência reguladora pode ocorrer apenas por meio de lei específica, e nunca por ato administrativo.

Sobre a estrutura das agências reguladoras, o jurista Joaquim Falcão faz uma avaliação crítica: "As agências no Brasil têm três erros estruturais. O primeiro deles decorre de elas serem, no fundo, uma delegação de poder do Legislativo para o Executivo. Essa delegação tem sido entendida em sentido extremamente mais amplo do que o razoável em uma democracia. Uma vez criada a agência, o Legislativo não se preocupa mais com o que ocorre com o poder de legislar que foi concedido a ela. E esse poder é, às vezes, excessivo. No entanto, nossa Constituição

195

Um caminho para o Brasil

estabelece a possibilidade de o Congresso Nacional limitar o poder normativo das agências".

Aqui vale a pena ressaltar que as agências, sobretudo as de serviços públicos,

> [...] obedecem a uma lógica segundo a qual o mercado atua melhor do que o Estado, desde que o mercado seja regulado. Todo sistema concorrencial do setor privado necessita de certo equilíbrio setorial, mas a finalidade das agências não é somente a busca desse equilíbrio da concorrência entre as diversas entidades privadas que atuam naquele mercado. Tanto a concorrência leal quanto o equilíbrio setorial são meios, não a finalidade das agências. A finalidade delas é garantir a prestação de um serviço ao cidadão, ao consumidor. Existem interesses públicos e do consumidor que vão além de um mero equilíbrio setorial ou de uma concorrência legal.

Isso significa, como vem sendo enfatizado, que a relação de reciprocidade entre instituições e sociedade civil, nesse caso, deve ir além da representação desta nas estruturas das agências reguladoras. Como destacado, a ideia de concorrência não basta como norte para orientar as agências, sendo necessário incluir no âmbito da prestação de um serviço ao consumidor a ideia de prevenção de conflitos.

É exatamente esse ponto que Falcão salienta ao considerar o terceiro erro estrutural das agências, que diz respeito à

> [...] incapacidade que as agências mostram para resolver conflitos. Elas foram estruturadas como um minipoder do Estado voltado para um determinado setor econômico. Em seu campo de atuação, as agências têm poder para legislar, normatizar, fiscalizar e executar políticas necessárias ao desenvolvimento desse setor. E elas cresceram no Brasil desenvolvendo bem o seu poder de legislar, normatizar melhor

Agências reguladoras, Estado, capitalismo, mercado de capitais

e executar, mas não desenvolveram o poder de resolver os conflitos entre os meios e os fins, entre o consumidor e todas as entidades que elas regulam. É como se faltasse – e ela deveria existir – uma função de resolução de conflitos, uma função de "pré-judiciário" ou talvez de uma justiça pré-administrativa, que trabalhasse com a conciliação e a mediação de conflitos, porque isso faz parte da sua função. Elas criam os problemas e quem tem de resolver isso é o Poder Judiciário. As agências reguladoras estão terceirizando os custos do conflito que elas próprias geraram.[23]

Aqui deve estar claro que somente uma reformulação atenta à necessidade de prevenção de conflitos pode dar eficácia à relação de reciprocidade entre agências reguladoras e sociedade civil. Por isso defende-se aqui a necessidade de reavaliar e aperfeiçoar o atual modelo, tendo como objetivo contribuir para adensar o diálogo crítico sobre o papel das agências reguladoras a fim de melhor atender aos anseios dos consumidores brasileiros e das empresas.

Entre as inúmeras sugestões que têm sido mencionadas, são válidas, por exemplo, a formulada pelo cientista político Murillo de Aragão, de instituir uma espécie de *ombudsman* para as agências, em que os desvios possam ser denunciados e investigados, e o denunciante, protegido. Diz ele:

> Ninguém, em sã consciência, critica abertamente uma agência reguladora, sob pena de ter seus interesses prejudicados na forma de uma retaliação. A existência de uma corregedoria seria ideal para fiscalizar a atuação das agências. Além de serem fiscalizadas, elas deveriam também ter uma espécie de *rating* anual acerca de sua eficiência. Uma espécie de Enem para as agências. Tais avaliações deveriam ser divulgadas amplamente e submetidas a debate no Congresso.

197

Para o professor de Direito Administrativo Aloisio Zimmer Júnior,[24] o comportamento errático das agências reguladoras, sobretudo com as recentes ameaças e restrições de atuação às empresas, está abrindo espaço para uma confusão institucional ainda maior. Segundo ele, "tudo é governo" ultimamente, com as interpretações da Justiça sendo tomadas como atos administrativos e portarias servindo de instrução para novas atribuições, sem análise do Congresso. Um sintoma dessas contradições, acrescentou, está no aumento do número de atores que se julgam credenciados a participar da regulação. Assim, o que antes era um acerto institucional entre setor privado, sociedade e governo, também abriu espaços para o Tribunal de Contas da União e o Ministério Público. E começam movimentos para incluir a Defensoria Pública, os Procons e até a Ordem dos Advogados do Brasil (OAB). O risco é de muitos falarem sobre tudo e levar a uma judicialização total dos atos de governo.

Outro ângulo abordado pelos críticos das agências reguladoras é o do "desvio regulatório". Floriano de Azevedo Marques Neto, professor associado da Faculdade de Direito da USP, disse, em artigo de março de 2012, intitulado "Agências reguladoras: basta só vigiar e punir?", que as agências, nos últimos anos, "deslocaram seu foco da regulação preventiva e prudencial para as atividades de fiscalização e sanção". Segundo ele, a prática de aplicar multas exorbitantes com caráter exemplar é negativa: leva o regulador a acreditar que cumpre seu papel punindo, quando, na verdade, o bom regulador é o que previne a falta. Isso "gera uma crise de confiança entre os regulados e usuários. Acarreta desproporcionalidade nas sanções e vícios legais, pois, para punir mais e rápido, regras são atropeladas. Disso vem o aumento do questionamento das punições, sobrecarregando o Judiciário. Resultado: quase todas as multas são contestadas e deixam de ser recolhidas. Logo, resta um regulador desacreditado e ineficaz".[25]

De acordo com o autor, existem mecanismos mais modernos e eficientes para tornar a regulação efetiva:

> [...] assim como ocorre no direito penal, com as penas alternativas, e no Ministério Público, com os termos de ajustamento de conduta, seria muito mais producente se as agências recorressem a mecanismos substitutivos de sanção, sem caráter arrecadatório. Ao invés de multas, comprometer a empresa a reparar sua falta, investir em melhorias e evitar a repetição daquela conduta. Várias agências têm usado os acordos substitutivos com sucesso para ressarcir diretamente consumidores, com descontos ou franquias de serviços.

Daí ser necessário enfatizar que as agências reguladoras funcionam como uma ponte entre sociedade, governo e empresas prestadoras de serviços de interesse público. Seu papel é fundamental para a promoção da cidadania nas relações de consumo. Compreender as possibilidades e limites de atuação desses órgãos é essencial para a evolução da regulação da prestação de serviços privados e, consequentemente, para a inserção da massa de consumidores na cidadania, entendida como uma relação de direitos e deveres.

A proteção ao consumidor é um dos princípios orientadores fundamentais da atividade regulatória, ou seja, é aspecto fundamental para a materialização da relação de reciprocidade entra instituições e sociedade civil. A defesa do consumidor, reconhecida como direito fundamental pela Constituição (art. 5º, XXXII; art. 170, V), pode ser explicada pelo fato de que em uma economia de mercado, o acesso ao consumo relaciona-se diretamente à dignidade humana e ao exercício de direitos subjetivos ligados. Portanto, uma política regulatória, além de permitir a participação de indivíduos independentes em sua estrutura, deve garantir as condições a partir das quais as agências coloquem a sociedade civil como destinatária de seus objetivos. Só assim poderemos compreender esse tipo de regulação voltada à proteção dos consumidores como uma materialização da relação de reciprocidade entre instituições e sociedade civil.

Como funcionam as agências reguladoras

Como visto, por lei, as agências devem ter autonomia e seus dirigentes, estabilidade. Eles são aprovados pelo Senado mediante arguição, depois de atenderem a pré-requisitos quanto à qualificação. As agências são autarquias especiais sem subordinação hierárquica, ressalvada a revisão judicial, e a última instância de recursos no âmbito administrativo. Elas têm poder de emitir portarias, instituir e julgar processos e poder de arbitragem. Do ponto de vista da transparência, dispõem de ouvidoria com mandato e de representação de usuários e de empresas, isto é, permitem a participação da sociedade civil em suas estruturas. Além disso, as agências são obrigadas a dar publicidade de todos os seus atos e decisões e a justificar por escrito cada voto e decisão dos dirigentes. Audiências públicas e diretoria colegiada são outros traços de transparência.[26]

Nesse contexto, Floriano Marques Neto destaca as seguintes modalidades de controle da atividade regulatória: (1) controle de gestão: fiscalização da aplicação dos recursos (TCU, Ministério Público, órgãos de controladoria governamental etc.); (2) controle da atividade-fim: o cumprimento da função de implementar os objetivos e metas da política pública deve ser feito pelo Executivo, Legislativo e instâncias da sociedade especificamente criadas para isso (conselhos de usuários, conselhos consultivos, organizações sociais etc.); (3) controle judicial: exercido sobre todos os atos das agências reguladoras, mediante provocação. Além disso, é importante observar que a participação popular no controle, na fiscalização e na própria atuação das principais agências reguladoras assume uma importância inédita no ordenamento jurídico brasileiro.

As leis que criaram as agências reguladoras estabeleceram procedimentos administrativos bem definidos no que concerne à edição de atos normativos, de instrumentos convocatórios, de processos decisórios, enfim, de um modo geral, as leis estabelecem como obrigatória a consulta ou audiência pública prévia dos agentes econômicos ou de

Agências reguladoras, Estado, capitalismo, mercado de capitais

consumidores e usuários de bens e serviços do setor regulado sempre que deva ser editado um ato ou tomada uma decisão que possa afetar seus direitos. A minuta do ato administrativo deve ser disponibilizada (mediante publicação no *Diário Oficial da União* e/ou na internet) para o público em geral, que terá um prazo, ou uma data marcada, para manifestar-se a respeito, formulando críticas ou sugestões, as quais, também, devem ser tornadas públicas.

No entanto, uma coisa é a letra da lei, outra, bem diferente, é a prática. As agências reguladoras têm falhado, sobretudo no que se refere à garantia dos direitos dos consumidores, isto é, naquele segundo aspecto que deve caracterizar a relação entre instituições e sociedade civil. Seja nos campos de saúde suplementar, telefonia, energia elétrica ou aviação civil, a prática recorrente das agências tem sido deixar na mão dos consumidores o ônus de ir atrás de seus direitos. Uma omissão que tem levado ao crescimento considerável de ações judiciais envolvendo relações de consumo, diz o jurista Joaquim Falcão. Segundo ele, há necessidade de mobilizar a opinião pública para influenciar de modo mais efetivo a regulação e o comportamento das empresas fornecedoras de produtos e serviços.[27]

São três os principais mecanismos de controle social nas agências reguladoras: audiências públicas, consultas públicas e ouvidorias. Nas audiências públicas, cidadãos e representantes de empresas formulam críticas e sugestões à política social ou econômica apresentada durante as audiências. Nas consultas públicas, consumidores e interessados formulam formalmente suas críticas e sugestões e as enviam às agências responsáveis. A ouvidoria das agências é responsável por receber e processar pedidos, reclamações, denúncias e sugestões dos usuários. Ela deve verificar se o pedido é realmente válido e, então, encaminhá-lo aos órgãos competentes para solucionar o problema.

Joaquim Falcão considera insuficiente a participação do consumidor nas audiências e consultas públicas promovidas pelas agências reguladoras, tal como já destacado na primeira parte do livro. Para o autor,

201

Um caminho para o Brasil

> [...] a discussão técnica das questões e os recursos para contratar bons consultores e advogados fazem os legítimos *lobbies* econômicos mais presentes nessa regulação. Do meu ponto de vista, a união entre a opinião pública e a mídia exerce um poder muito mais forte que uma audiência pública. A divulgação que os meios de comunicação fazem da insatisfação dos consumidores, os *rankings* de empresas mais reclamadas, os baixos índices de resolução de reclamações, o uso de sites para divulgar más práticas de consumo, tudo isso, somado à pressão da própria opinião pública, tem maior impacto e efetividade nas decisões tomadas pelas agências e no comportamento das empresas.[28]

Por isso ele enfatiza que as agências

> [...] têm de, mais e mais, se especializar não somente nos mecanismos tradicionais de audiências públicas, nas análises técnicas e proposições, mas também se voltar para o uso da opinião pública como um instrumento de defesa do consumidor. Porque o que está em jogo em muitos momentos é o capital da marca da empresa, e contra esse capital, que é um bem intangível, deve-se atuar com pressões intangíveis, ou seja, quando necessário, as entidades de defesa do consumidor devem ajudar a expor a imagem da empresa de maneira negativa.[29]

Aqui percebemos, uma vez mais, como a relação de reciprocidade entre instituições e sociedade civil não se reduz somente à participação desta nas estruturas daquela, sendo fundamental a incorporação do fortalecimento da sociedade civil nos objetivos das instituições, neste caso, mediante investimentos para a prevenção de conflitos.

Uma vez que o fio condutor deste livro é a cidadania, a proteção ao consumidor, então ela deve ser um dos princípios orientadores da atividade regulatória. Outra preocupação é que as empresas que atuam no mercado brasileiro possam ter segurança jurídica e incentivos para empreender e investir de forma leal e competitiva, com o Estado tendo presença reguladora e não opressora. Se ao longo destas páginas enumeramos críticas ao atual sistema das agências reguladoras, que, após 20 anos, precisa de ajustes à luz desta nova era em que os cidadãos brasileiros buscam um novo tipo de participação política, é porque temos o objetivo de contribuir com argumentos para embasar sugestões visando a um sistema regulatório mais eficiente para os seus usuários.

NOTAS

[1] Disponível em <http://cpdoc.fgv.br/producao/dossies/AEraVargas1/anos37-45/EstadoEconomia>, acesso em 5 jul. 2015.

[2] Disponível em <http://www.emerj.tjrj.jus.br/revistaemerj_online/edicoes/revista47/Revista47_157.pdf>, acesso em: 5 jul. 2015.

[3] Disponível em <http://www.ambito-juridico.com.br/site/index.php?n_link=revista_artigos_leitura&artigo_id=1555>, acesso em 4 jul. 2015.

[4] Disponível em <http://www.sergiolazzarini.insper.edu.br/CEO19-ARTIGO%20SERGIO%20LAZARINI.PDF>, acesso em 5 ago. 2015.

[5] Disponível em <http://revistaepoca.globo.com/tempo/noticia/2013/03/fernando-henrique-cardoso-ha-um-sentimento-mudancista.html>, acesso em 1 nov. 2015.

[6] Sergio Fausto, "Brasil – a difícil construção do futuro". *O Estado de S. Paulo*, 31/10/2015,. Cad A, p. 2.

[7] Disponível em <http://portal.anvisa.gov.br/wps/wcm/connect/5ffaae0047457d5089a6dd3fbc4c6735/2ControleSocialReformaRegulatoriaAlketa.pdf?MOD=AJPERES>, acesso em 30/7/2015.

[8] Disponível em <http://www1.folha.uol.com.br/fsp/mercado/228044-bandeira-vermelha-permanece-na-conta-de-luz-em-agosto.shtml>, Acesso em 2 ago. 2015.

[9] Norberto Bobbio, Nicola Matteucci e Gianfranco Pasquino (orgs.), *Dicionário de política*, 12.ed., Brasília, Editora Universidade de Brasília, 2004, p. 1.210.

[10] H. Branco, "Amadores devem ficar longe da Anac", *Folha de S.Paulo*, 4/8/2015. 1º Caderno. p. 3.

[11] Disponível em <http://pt-br.mundopublico.wikia.com/wiki/Ag%C3%AAncias_Reguladoras_Federais_de_Servi%C3%A7os_P%C3%BAblicos?file=FHC_fala_sobre_as_ag%C3%AAncias_reguladoras>, acesso em 28 jun. 2015.

[12] Disponível em <http://politica.estadao.com.br/noticias/eleicoes,operacao-porto-seguro-imp-,1014863>, acesso em 28 jun. 2015.

[13] Disponível em <http://oglobo.globo.com/brasil/metade-das-agencias-reguladoras-federais-esta-desfalcada-15148787>, acesso em 29 jun. 2015.

[14] Disponível em <http://brasileconomico.ig.com.br/ultimas-noticias/a-desmoralizacao-das-agencias-reguladoras_125614.html>, acesso em: 9 jul. 2015.

[15] Disponível em <http://www.conjur.com.br/2010-out-29/especialista-critica-politizacao-agencias-reguladoras>, acesso em 9 jul. 2015.

[16] Disponível em <http://www.abar.org.br/sala-de-imprensa/noticias/163-tcu-critica-falta-de-autonomia-de-agencia-reguladora>, acesso em 9 jul. 2015.

[17] Disponível em <http://www.egov.ufsc.br/portal/conteudo/ag%C3%AAncias-reguladoras-legalidade-e-direitos-fundamentais-limites-aos-poderes-normativo-e-san>, acesso em 12 jul. 2015.

Um caminho para o Brasil

[18] Disponível em <http://www.bresserpereira.org.br/Documents/MARE/Agencias/avaliacao_das_agencias_reguladoras_-_casa_civil.pdf>. Acesso em 11 jul. 2015.

[19] Odete Medauar, *Direito administrativo moderno*. 19. ed. rev. e atual, São Paulo, Editora Revista dos Tribunais, 2015, p. 95.

[20] Idem.

[21] Disponível em <http://www.bresserpereira.org.br/Documents/MARE/Agencias/avaliacao_das_agencias_reguladoras_-_casa_civil.pdf>, acesso em 9 jul. 2015.

[22] Disponível em <http://www.bresserpereira.org.br/Documents/MARE/Agencias/avaliacao_das_agencias_reguladoras_-_casa_civil.pdf>, acesso em 9 jul. 2015.

[23] Disponível em <http://www.idec.org.br/em-acao/revista/o-banco-que-voce-nao-ve/materia/agencias-reguladoras-e-os-direitos-do-consumidor>, acesso em 11 jul. 2015.

[24] Disponível em <http://jornalggn.com.br/blog/luisnassif/a-industria-da-fraude-nas-agencias-reguladoras indústria da fraude nas agências reguladoras, acesso em 11 jul. 2015.

[25] Floriano de Azevedo Marques Neto, "Agências reguladoras: basta vigiar e punir?", *Correio Braziliense*, 27/2/2012, Opinião, p. 11.

[26] Disponível em <http://www.ambito-juridico.com.br/site/index.php?n_link=revista_artigos_leitura&artigo_id=1555>, acesso em 4 jul. 2015.

[27] Disponível em <http://www.idec.org.br/em-acao/revista/o-banco-que-voce-nao-ve/materia/agencias-reguladoras-e-os-direitos-do-consumidor>, acesso em 11 jul. 2015.

[28] Idem.

[29] Idem.

Agências reguladoras e participação da cidadania

Inicio este capítulo com um espírito de esperança e crença em dias melhores, ao citar Bobbio em sua sábia explicação sobre a sociedade civil, e ao transcrever a coluna "Algo muda no Brasil", do jornalista Celso Ming, publicada em *O Estado de S. Paulo* do dia 28 de novembro de 2015.

Bobbio, no livro *Estado, governo, sociedade: para uma teoria geral da política*,[1] dedica um capítulo à sociedade civil que contribui enormemente para as análises sobre as agências reguladoras, no qual valoriza a vertente da cidadania. O cenário da atual crise brasileira – econômica, política, social e ética – também se harmoniza com a filosofia de Bobbio.

> [...] A sociedade civil representa o lugar onde se formam, especialmente nos períodos de crise institucional, os poderes de fato que tendem a obter uma legitimação própria inclusive em detrimento dos poderes legítimos – o lugar onde, em outras palavras, desenvolvem-se os processos de deslegitimação e de relegitimação. Daí a frequente afirmação de que a solução de uma grave crise que ameaça a sobrevivência de um sistema político deve ser procurada, antes de tudo, na sociedade civil,

na qual podem ser encontradas novas fontes de legitimação e portanto novas áreas de consenso. Enfim, na esfera da sociedade civil inclui-se habitualmente também o fenômeno da opinião pública, entendida como a expressão de consenso e de dissenso com respeito às instituições, transmitida através da imprensa, do rádio, da televisão etc. De resto, opinião pública e movimentos sociais procedem lado a lado e se condicionam reciprocamente. Sem opinião pública – o que significa mais concretamente sem canais de transmissão da opinião pública, que se torna "pública" exatamente enquanto transmitida ao público –, a esfera da sociedade civil está destinada a perder a própria função e, finalmente, a desaparecer.

No atual momento de crise institucional, a sociedade civil e a opinião pública estão jogando um papel fundamental neste contexto de mudança. Foi a opinião pública, por exemplo, que, por meio das mídias sociais, pressionou o Senado Federal a votar pelo não relaxamento da prisão preventiva do senador Delcídio do Amaral (PT-MS) autorizada pelo STF no dia 25 de novembro de 2015, no contexto da Operação Lava Jato. Pela primeira vez, desde a redemocratização, em 1985, um senador no exercício do mandato foi preso.

Voltamos à questão proposta por Bobbio sobre legalidade e legitimidade. Cada vez mais é preciso legitimar a opinião pública, a sociedade civil, pois ela detém um poder legítimo[2] que deveria moldar as instituições. Isso significa, como já destacado, que legitimar a sociedade civil é dar-lhe condições de participação no redesenho de instituições e fazer com que estas transformem o fortalecimento da sociedade civil em objetivo institucional.

Como vimos nos capítulos anteriores, a opinião pública se manifesta criticamente, via mídias sociais, quanto ao funcionamento das agências reguladoras nos moldes atuais. Há um clamor de cidadãos e de empresas por uma reformulação dessas autarquias especiais. Esse brado se junta a outros – por melhores serviços públicos e por mais ética na política, menos corrupção, por exemplo – e o que se vê no Brasil de hoje é, além de perplexidade com os acontecimentos no campo da política, um desejo de passar o país a limpo e de estabelecer novas bases para o funcionamento de órgãos cuja finalidade precípua é atender ao cidadão em matéria de saúde, educação, transporte, telecomunicação, energia elétrica etc. Em uma frase: luta-se por dar eficácia à relação de reciprocidade entre sociedade civil e instituições.

É a partir deste contexto que Celso Ming resume alguns fatos que problematizam o atual momento brasileiro.[3]

> Não exija agora nem uma ordem lógica nem cronológica. Apenas junte fatos. Está preso um dos empreiteiros mais notáveis do Brasil, Marcelo Odebrecht. Responde por acusações de corrupção ativa. Executivos de outras empreiteiras, como Camargo Corrêa, Engevix, Galvão Engenharia, Iesa, Mendes Júnior, OAS, Queiroz Galvão e UTC também enfrentam na Justiça acusações de corrupção. [...] Um dos chamados "campeões nacionais", o banqueiro André Esteves, presidente do Banco BTG Pactual, também foi preso na última quarta-feira, declaradamente por tentar embargar a ação da Justiça. Um dia antes, outro desses campeões nacionais contemplados com financiamentos suspeitos do BNDES, o pecuarista José Carlos Bumlai, amigo notório do ex-presidente Lula, foi detido pela Polícia Federal. Estão presos o ex-ministro do governo Lula José Dirceu, o ex-tesoureiro do PT João Vaccari Neto e três deputados federais. São investigados por graves desvios de recursos públicos. E há nas mesmas condições um punhado de ex-diretores da Petrobrás e o doleiro Alberto Youssef. Pela primeira vez na história da República foi preso, em pleno exercício de suas funções, um senador "em flagrante de crime inafiançável", também por tentativa de obstrução da ação da Justiça. Trata-se do senador Delcídio do Amaral (PT-MS). Foi prisão determinada pelas autoridades que conduzem a Operação Lava Jato, com a autorização explícita de quatro juízes do Supremo e ratificada pelo

Senado, em sessão extraordinária, por 59 votos a 13 e 1 abstenção, em votação aberta. [...] Afora isso, o presidente da Câmara dos Deputados, Eduardo Cunha (PMDB-RJ), continua seriamente enroscado em denúncias comprovadas de que mantém recursos ilegais em contas bancárias na Suíça. A presidente Dilma enfrenta graves acusações de que seu governo manipulou indevidamente verbas públicas. Seu mandato está atarantado, sem rumo e sem apoio. Ontem, por falta de opção, fechou o cofre, sabe-se lá com que consequências econômicas e políticas. Enfim, são apenas fatos. Faltam dezenas de outros para compor o todo. Mas parecem suficientes para concluir que alguma coisa parece estar mudando no Brasil. E é para melhor, porque as instituições funcionam melhor do que antes. Ainda ontem, em São Paulo, o juiz Gilmar Mendes, do Supremo Tribunal Federal, assumiu como sua uma frase do ex-presidente Fernando Henrique Cardoso: "Neste momento de crise, ao menos estamos ouvindo nomes de juízes, e não de generais". Hoje já poderíamos acrescentar: o impeachment de Dilma Rousseff e a queda de Eduardo Cunha.

Feito este preâmbulo, é necessário sempre relembrar que o tema fundamental que perpassa estas páginas é a relação entre agências reguladoras, direito dos consumidores, cidadania e democracia. Como foi dito anteriormente, os consumidores expressam suas críticas pelos canais da atualidade – as mídias sociais, as mesmas que tiveram um papel fundamental em junho de 2013. Aquele movimento, sempre lembrado, não se apagou. A jornalista Eliane Cantanhede, em sua coluna "Flor da lama", do dia 29 de novembro de 2015, em *O Estado de S. Paulo*, diz:

> As manifestações de junho de 2013 não foram um episódio que brilhou intensamente e se apagou melancolicamente. Foram um marco, porque a sociedade brasileira foi para as ruas, mostrou a sua força e nunca mais recuou. Além das outras manifestações pelas capitais e cidades do interior, as pessoas estão nas redes, na imprensa, na mídia. Cobram, pressionam, tensionam.

As agências reguladoras, embora sejam dotadas de mecanismos democráticos e de participação popular, como audiências públicas e consultas públicas, não têm correspondido às demandas da população brasileira por melhores serviços. O grande número de reclamações é expressão cristalina da falta da relação de reciprocidade entre instituições e sociedade civil, razão pela qual os cidadãos que sabem o que são as agências e como elas afetam o seu dia a dia costumam queixar-se sobre o seu funcionamento por meio da imprensa e das mídias sociais.

Como bem compreende Joaquim Falcão,

> [...] no fundo, a finalidade das agências é a maximização de uma eficiência que tem como fim a universalização do bem público. O objetivo final da Aneel, por exemplo, não é ser eficiente para poucos consumidores, é ser eficiente para o total dos consumidores do Brasil. Não se aceita que a Aneel diga não ser capaz de atender o fornecimento de eletricidade para 40% dos brasileiros, ou 20%, ou 10%, porque nesse momento ela deixa de ser politicamente viável na democracia.

Por isso é necessário que "à universalização da cidadania corresponda a universalização do acesso aos bens econômicos". Em outras palavras, se o cidadão é capaz de eleger o presidente da República, ele é capaz, também, de influenciar os rumos da economia. Por isso as agências reguladoras precisam estar a serviço desse cidadão e investir na prevenção de conflitos como objetivo institucional com o fim de fortalecer a sociedade civil (o conjunto de relações entre indivíduos, grupos e classes sociais que se desenvolvem à margem das relações de poder que caracterizam as instituições políticas).[4]

Para Falcão, "o desafio do Brasil, hoje, é que a universalização da política não corresponde ainda a uma satisfação com a universalização do acesso aos bens econômicos. E esse é o drama das agências. Só que a universalização da cidadania não é somente a universalização do acesso aos bens econômicos, mas é a universalização do desejo de participar das decisões nacionais. Porque a democracia é participação", diz.

Um caminho para o Brasil

Nesse sentido, pode-se afirmar que os milhões de consumidores brasileiros querem participar como consumidores, também, nas políticas das agências, assim como os cidadãos querem e devem participar dos comitês do BNDES. Esse desejo crescente de participação nas decisões, até porque vivemos em um regime de total liberdade de expressão, em um contexto de desenvolvimento das tecnologias de informação, das mídias sociais, é uma demanda mais complexa de ser atendida, no que diz respeito às agências reguladoras.

Na democracia, o consumidor se expressa pelo voto, mas também demonstra seus sentimentos, suas insatisfações, pelas mídias sociais. É preciso enxergar esse cenário protagonizado pelo consumidor não somente no contexto da universalização do acesso aos bens econômicos, mas também como um crescente desejo de participação nas decisões da cidadania, viabilizadas mais pelas mídias sociais do que pelo voto, embora o voto tenha mais consequências do que as mídias, analisa Joaquim Falcão.

Os consumidores insatisfeitos não são filiados a partidos, nem confiam em partidos. Eles têm uma demanda de participação difusa, a qual, quando não atendida, gera o movimento de protestos nas ruas. Em junho de 2013, o motor das manifestações foi a insatisfação com os serviços públicos – transporte, saúde, educação, que são setores regulados.

Como bem salientado uma vez mais por Joaquim Falcão,

> [...] não há setor mais regulado neste país do que educação, por meio, por exemplo, da Capes [Coordenação de Aperfeiçoamento de Pessoal de Nível Superior], ou do próprio Ministério da Educação. Estes são verdadeiras agências, embora não tenham a forma de agências como a Anac ou a Aneel, mas são agências, pois exercem um poder de regular, e todos estão com o mesmo problema. Então, percebe-se o desafio que o país tem. A Capes, que é uma agência antiga, do setor de educação, decide onde eu tenho de publicar o meu artigo científico. Se eu não publicá-lo nas revistas em que a Capes indica, eu perco pontos, e isso afeta o meu desempenho de mercado, porque a Capes diz: a faculdade tal tem tantos pontos, a outra tem

210

tantos pontos. É uma interferência absolutamente excessiva e indevida no mercado educacional, no caso do ensino superior.

Quanto ao desejo de participação do consumidor nas decisões da cidadania, que é o que se nota, no momento atual, a analogia utilizada por Falcão é com a carteira de identidade. Ele explica:

> Durante o Brasil colônia e o Brasil império, a carteira de identidade do brasileiro era a certidão de batismo, porque a Igreja estava vinculada ao Estado. Você não tinha carteira de identidade, mas certidão de batismo. Votava-se com a certidão de batismo nas paróquias. Havia um misto, também, de certidão de batismo com a escritura de propriedade, porque só votavam os homens de bens. Depois, na República, o título de eleitor passa a ser a carteira de identidade. A mulher pôde votar. Na década de 1930, a carteira de identidade passa a ser a carteira de trabalho. O cidadão era aquele que votava e que tinha emprego. Hoje em dia, de uns 15 anos para cá, a carteira de identidade passou a ser o cartão de crédito, porque houve uma universalização, ao menos uma grande expansão, do crédito. Essas carteiras indicam o acesso aos bens, ao emprego, à renda, ao crédito, ao eletrodoméstico, mas elas sozinhas não têm força alguma. Hoje em dia, você tem uma nova carteira de identidade, que é o celular. Este reúne crédito, reúne a participação, reúne a voz. Então, desse cenário as agências não podem escapar.

O desafio de atender ao cidadão consumidor, em uma etapa de universalização do acesso aos bens econômicos, coloca-se para qualquer modelo regulatório, de qualquer país, em qualquer governo. No mundo todo, essa situação existe: as pessoas, os cidadãos consumidores de serviços públicos, estão indignadas. E se as agências reguladoras não suprem as demandas apresentadas, eles continuarão insatisfeitos e desejosos de participar nas decisões. Daí a fundamental necessidade de compreender a relação entre sociedade civil e instituições a partir da premissa aqui explorada: de um

Um caminho para o Brasil

lado, participação nas estruturas de deliberação das instituições; do outro, determinação do fortalecimento da sociedade como fim institucional: no caso do BNDES, mediante investimentos no mercado de capitais, nas agências, mediante investimentos na prevenção de conflitos.

As reflexões contidas neste livro nos parecem oportunas porque temos um cenário político novo de desejo de participação da cidadania. E isso ocorre em uma etapa da vida democrática brasileira em que o modelo de gestão da relação do Executivo com o Legislativo não é eficiente, por vários motivos. Sendo assim, está mais do que na hora de se repensar o modelo das agências reguladoras. "Dos 10 ou 15 maiores litigantes da Justiça brasileira, dois são os mais importantes: o Estado (a prefeitura, a União, os governos) e os setores regulados (bancos, telecomunicações, saúde etc.). Algo está insatisfatório, porque não é razoável que questões de consumo cheguem com tanta intensidade ao Supremo Tribunal Federal", diz Joaquim Falcão.

Além disso, ele aponta outro "dado estarrecedor": a terceira maior fonte de processos do Supremo Tribunal Federal são os juizados especiais. Estes são basicamente de consumidores. O juizado especial foi criado por Piquet Carneiro e Hélio Beltrão para ser uma justiça rápida, e hoje em dia é uma das justiças que mais crescem no Supremo. "Alguma coisa não está dando certo, porque é uma instância que não deveria cuidar disso", comenta.

Isso mostra uma tensão crescente entre os poderes Executivo e Judiciário, pois as agências reguladoras, quando foram pensadas, deveriam ser capazes de resolver seus próprios conflitos, ou os conflitos entre os participantes dos setores regulados e essas autarquias especiais. Mas, explica Joaquim Falcão:

> [...] as nossas agências, quando foram pensadas, o foram limitadamente, foram pensadas como agências com função legislativa, porque são normatizadoras de mercados, e com função executiva, porque elas implementam e fiscalizam, mas não foram pensadas como agências que pudessem resolver conflitos em seu âmbito, ou no âmbito do setor. Ou que as empresas fossem obrigadas a ter setores de mediação, de

conciliação... então, todos os conflitos decorrentes das agências são terceirizados para o Judiciário, e isso é um caos. O juiz não procurou, bateram à porta dele, e então ele começa a ser um regulador, também, vai dar uma sentença.

Por isso insiste-se tanto aqui na ideia de investimentos para a prevenção de conflitos.

Consequentemente, observa-se a necessidade de se repensar o sistema das agências reguladoras dentro de um contexto mais amplo de como se pensa a democracia. Isso significaria um redesenho das agências reguladoras baseado na nova realidade de uma cidadania insatisfeita com os serviços regulados que recebe, indignação que se manifesta principalmente via mídias sociais. Da mesma forma, há insatisfação das empresas concessionárias de serviços, que reclamam da excessiva politização das decisões tomadas pelas agências. Assim, precisamos reconstruir as agências no contexto da relação de reciprocidade entre instituições e sociedade civil.

Para melhor visualizar e ordenar as críticas, bem como contribuir com sugestões, sempre à luz de preceitos democráticos e levando em consideração o respeito aos reclamos da sociedade civil, pontuaremos os temas relacionados às agências reguladoras que deveriam ser levados em consideração em uma nova agenda de pesquisas e debates.

- Interferência política, falta de autonomia

Como lidar com as questões relacionadas à interferência política e à falta de autonomia das agências reguladoras? Por que é importante preservar as agências da politização à qual têm sido submetidas?

A politização fere uma das principais premissas do modelo regulatório, qual seja a equidistância do órgão regulador em relação aos polos de interesse de regulação: o poder concedente (governo), concessionárias e usuários de serviços públicos. Esses grupos de interesse devem influenciar o processo regulatório e cada um deles age de acordo com os próprios objetivos. Mas, se existe politização, significa que o governo age em seu próprio interesse, num jogo de forças desiguais, uma vez que as relações não são transparentes e aos concessionários e usuários dos serviços públicos não são dadas as mesmas armas de que dispõe o poder concedente. Quebra-se, com isso, a relação de reciprocidade entre instituições e sociedade civil. Além disso, a politização das agências compromete o grau de credibilidade do sistema. No Brasil, há uma baixa qualidade da regulação, muito em função do estabelecimento de cotas de partidos na composição dos conselhos de direção das agências, em vez de o comando das agências ter um perfil mais técnico e independente.

Para o TCU, as agências reguladoras sofrem com falta de autonomia financeira, não têm processos claros de avaliação e seus dirigentes são escolhidos por critérios "demasiadamente" subjetivos.

Nesse sentido, consideramos que cabe ao Senado Federal, responsável por analisar as indicações para as diretorias das agências, estabelecer critérios técnicos no processo das sabatinas. Com isso, rejeitaria a indicação de personalidades de perfil comprometido ou inadequado. O Senado deveria cobrar, de todos os indicados e sabatinados, um relatório anual de suas atividades a fim de que este seja submetido a debate parlamentar. Como os senadores referendam a indicação do Executivo, cabe a eles fiscalizar o desempenho do indicado.

Com diz Bobbio, a publicidade do poder é imprescindível, pois a visibilidade dos atos governamentais é o instrumento que os cidadãos têm para o controle desses atos.

- Elevado grau de litigiosidade

As agências reguladoras editam atos normativos para regular aquilo que só poderia ser regulado pelo Congresso Nacional. Resultado: os atos normativos são contestados e derrubados pela Justiça. Tanto o Supremo Tribunal Federal quanto o Superior Tribunal de Justiça já afirmaram a supremacia da lei aos atos normativos editados pelas agências reguladoras.

Um dos erros estruturais das agências é que elas são uma delegação do poder Legislativo para o Executivo, diz o jurista Joaquim Falcão.

214

Agências reguladoras e participação da cidadania

Essa delegação, segundo ele, tem sido entendida em sentido extremamente mais amplo do que o razoável em uma democracia. Uma vez criada a agência, o Legislativo não se preocupa mais com o que ocorre com o poder de legislar que foi concedido a ela. E esse poder é, às vezes, excessivo. No entanto, a Constituição estabelece a possibilidade de o Congresso Nacional limitar o poder normativo das agências.

Existe uma tensão com o sistema de separação de poderes e de freios e contrapesos, decorrente da fragilidade dos mecanismos políticos de controle do presidente da República e do Congresso, e da timidez do próprio Judiciário no controle jurídico.

A realidade é que, atualmente, as agências são incapazes de resolver conflitos. explica Joaquim Falcão:

> Elas foram estruturadas como um minipoder do Estado voltado para um determinado setor econômico. Em seu campo de atuação, as agências têm poder para legislar, normatizar, fiscalizar e executar políticas necessárias ao desenvolvimento desse setor. E elas cresceram no Brasil desenvolvendo bem o seu poder de legislar, normatizar melhor e executar, mas não desenvolveram o poder de resolver os conflitos entre os meios e os fins, entre o consumidor e todas as entidades que ela regula. É como se faltasse – e ela deveria existir – uma função de resolução de conflitos, uma função de "pré-judiciário" ou talvez de uma justiça pré-administrativa, que trabalhasse com a conciliação e a mediação de conflitos, porque isso faz parte da sua função. Elas criam os problemas e quem tem de resolver isso é o Poder Judiciário. As agências reguladoras estão terceirizando os custos do conflito que elas próprias geraram.

Nesse sentido, também consideramos fundamental a necessidade de que as agências tenham condições de investir na prevenção de conflitos, de tal forma que o fortalecimento da sociedade civil tenha de fato eficácia.

Um caminho para o Brasil

- Garantir prestação de serviço ao consumidor

A finalidade das agências reguladoras não é somente a busca do equilíbrio concorrencial entre as diversas entidades privadas que atuam em determinado mercado. Como já destacado, tanto a concorrência leal quanto o equilíbrio setorial são meios, não a finalidade das agências. A finalidade delas é garantir a prestação de um serviço ao cidadão, ao consumidor. Existem interesses públicos e do consumidor que vão além de um mero equilíbrio setorial ou de uma concorrência legal.

As agências reguladoras têm falhado, sobretudo no que se refere à garantia dos direitos dos consumidores. Seja nos campos de saúde suplementar, telefonia, energia elétrica ou aviação civil, a prática recorrente das agências tem sido deixar na mão dos consumidores o ônus de ir atrás de seus direitos. Uma omissão que tem levado ao crescimento considerável de ações judiciais envolvendo relações de consumo. Segundo Joaquim Falcão, há necessidade de mobilizar a opinião pública para influenciar de modo mais efetivo a regulação e o comportamento das empresas fornecedoras de produtos e serviços.

Essa é a posição que defendemos, indo inclusive um pouco além: conforme Bobbio, é preciso educar para a cidadania. Advogamos que, em um processo de rediscussão das agências reguladoras que seja pautado pela necessidade de materialização da relação de reciprocidade entre instituições e sociedade civil, promovam-se campanhas educativas sobre o que são essas autarquias especiais e como o consumidor, o cidadão, pode interferir nas suas decisões, sempre que se julgar prejudicado.

Vale a pena recordar que Joaquim Falcão considera insuficiente a participação do consumidor nas audiências e consultas públicas promovidas pelas agências reguladoras. "Além do mais, a discussão técnica das questões e os recursos para contratar bons consultores e advogados fazem os legítimos *lobbies* econômicos mais presentes nessa regulação. Do meu ponto de vista, a união entre a opinião pública e a mídia exerce um poder muito mais forte que uma audiência pública", afirma. "A divulgação que os meios de comunicação fazem da insatisfação dos consumidores, os *rankings* de empresas mais reclamadas, os baixos índices de resolução de reclamações, o uso de sites para divulgar más práticas de consumo, tudo isso, somado à pressão da própria opinião pública, tem maior impacto e efetividade nas decisões tomadas pelas agências e no comportamento das empresas", acrescenta Falcão.

Uma sugestão de Joaquim Falcão que encampamos é esta:

> As agências têm de, mais e mais, se especializar não somente nos mecanismos tradicionais de audiências públicas, nas análises técnicas e proposições, mas também se voltar para o uso da opinião pública como um instrumento de defesa do consumidor. Porque o que está em jogo em muitos momentos é o capital da marca da empresa, e contra esse capital, que é um bem intangível, deve-se atuar com pressões intangíveis (ou seja, quando necessário, as entidades de defesa do consumidor devem ajudar a expor a imagem da empresa de maneira negativa).

Como diz o publicitário Nizan Guanaes:

> [...] as organizações antigamente produziam suas mensagens promovendo os atributos desejáveis pelo público e escondendo os indesejáveis. Hoje, se você não cuidar bem de sua marca ou organização, quem vai promover os temas indesejáveis é o próprio público, com seus blogs, Twitter, Facebook, Instagram e outros meios.[5]

- Desvio regulatório

Outra crítica às agências reguladoras é que elas têm deslocado seu foco da regulação preventiva e prudencial para atividades de sanção. Segundo Floriano de Azevedo Marques Neto, professor associado da Faculdade de Direito da USP,

> [...] a prática de aplicar multas exorbitantes com caráter exemplar é negativa: leva o regulador a acreditar que cumpre seu papel punindo, quando, na verdade, o bom regulador

é o que previne a falta. Gera uma crise de confiança entre os regulados e usuários. Acarreta desproporcionalidade nas sanções e vícios legais, pois, para punir mais e rápido, regras são atropeladas. Disso vem o aumento do questionamento das punições, sobrecarregando o Judiciário. Resultado: quase todas as multas são contestadas e deixam de ser recolhidas. Logo, resta um regulador desacreditado e ineficaz.[6]

De fato, de acordo com o Tribunal de Contas da União, em seu Relatório e Parecer Prévio sobre as Contas do Governo da República, exercício de 2013, as agências reguladoras aplicaram infinitamente mais multas do que arrecadaram. Ao longo do período 2009-2013, foram aplicadas cerca de 1,76 milhão de multas, a maior parte pelas dez agências (ANTT, ANP, Anatel, Anac, Anvisa, Aneel, Ancine, Antaq, ANS, ANA), em um montante de R$ 61,0 bilhões. Dessa quantia, em torno de R$ 3,5 milhões, apenas, foram arrecadados, o equivalente a 5,8% do total aplicado.

Aqui o leitor pode perceber de que forma essas questões relacionam-se com a necessidade de um profundo redesenho institucional das agências, sempre orientado à participação efetiva da sociedade civil em suas estruturas de deliberação, e ao objetivo institucional de fortalecimento dessa mesma sociedade civil através de investimentos em prevenção de conflitos, contexto a partir do qual também poderia ser discutida a necessidade de implementação de câmaras arbitrais.

• *Accountability*

O termo *accountability* significa prestação de contas e é muito utilizado nos Estados Unidos. Mecanismos de *accountability* proporcionam mais clareza para a sociedade de como funcionam as agências. Nos EUA, diretores de agências reguladoras comparecem todos os anos ao Congresso para prestar contas de suas atividades, das políticas implementadas, do que deu certo e errado. Os parlamentares, reunidos em comissões preparadas, questionam os funcionários das agências, fazem o papel do cidadão. Se as agências atenderem exclusivamente o interesse privado, serão cobradas no Congresso. As agências brasileiras têm dificuldade de apresentar um balanço anual do que fazem, não têm interesse nisso, o mesmo ocorrendo com o Congresso.

Advogamos que, como o tema das agências reguladoras é um dos mais importantes do ponto de vista do interesse nacional, pois trata de serviços e atividades que dizem respeito à saúde, à energia, às telecomunicações, à aviação civil, entre outros, seriam necessárias campanhas de esclarecimento à população sobre o papel, a função, a utilidade desses órgãos. Para que o poder estatal esteja em consonância com as vontades dos governados, é preciso que ocorra uma educação para a cidadania, conforme dissemos anteriormente.

Não há dúvidas de que todas essas sugestões devem ser discutidas e problematizadas em um debate amplo e irrestrito com a sociedade brasileira, incluídos aqui nossos representantes políticos. Acima de tudo, é fundamental conseguir mobilizar as forças sociais para a construção de um novo caminho para o Brasil que parta da relação de reciprocidade entre instituições e sociedade civil (o conjunto de relações entre indivíduos, grupos e classes sociais que se desenvolvem à margem das relações de poder que caracterizam as instituições políticas).[7] Por isso deu-se especial destaque na primeira parte deste livro aos fundamentos teóricos que embasam a necessidade de participação da sociedade civil nas estruturas das instituições. No entanto, somente isso não é suficiente para lutarmos contra a politização institucional e a consequente corrupção. Daí a ênfase na necessidade de se colocar o fortalecimento da sociedade civil como objetivo de nossas instituições: no caso do BNDES, um de seus objetivos poderia ser o fortalecimento do mercado de capitais como forma de dar eficácia à relação de reciprocidade tantas vezes mencionada. Essa mesma eficácia poderia ser alcançada, no caso das agências reguladoras, através da implementação de mecanismos de gestão que lhes permitissem investir na prevenção de conflitos, isto é, no respeito às demandas da sociedade civil.

Tudo isso, naturalmente, não passa de hipóteses para a construção de um modelo, sempre modificáveis. Se não existem modelos teóricos ideais, se necessitamos romper definitivamente com as práticas e mentalidades ibéricas que ainda nos asfixiam, então é necessário insistir em um diagnóstico nacional das nossas dificuldades e potencialidades. Mas a reflexão por si só não basta. É fundamental reconhecer, com Hannah Arendt, que a ação deve acompanhar a reflexão, já que agir também significa conhecer, se abrir ao mundo e, ao mesmo tempo, inseri-lo em um horizonte aberto a críticas e sugestões. Somente assim podemos propor e praticar mudanças que contribuam para o desenvolvimento econômico e social de nosso país: este é o legado para as futuras gerações.

NOTAS

[1] Norberto Bobbio, *Estado, governo, sociedade*, São Paulo, Paz e Terra, 2007.

[2] "Na linguagem política, entende-se por legalidade um atributo e um requisito do poder, daí dizer-se que um poder é legal ou age legalmente ou tem o timbre da legalidade quando é exercido no âmbito ou de conformidade com leis estabelecidas ou pelo menos aceitas. Embora nem sempre se faça distinção, no uso comum e muitas vezes até no uso técnico, entre legalidade e legitimidade, costuma-se falar em legalidade quando se trata do exercício do poder e em legitimidade quando se trata de sua qualidade legal: o poder legítimo é um poder cuja titulação se encontra alicerçada juridicamente; o poder legal é um poder que está sendo exercido de conformidade com as leis. O contrário de um poder legítimo é um poder de fato; o contrário de um poder legal é um poder arbitrário" (Norberto Bobbio, *Dicionário de Política*, Brasília, Editora UnB, v. 2, p. 674).

[3] Celso Ming, "Algo muda no Brasil". *O Estado de S. Paulo*, 28/11/2015, B2.

[4] Norberto Bobbio, Nicola Matteucci e Gianfranco Pasquino (orgs.), *Dicionário de política*, 12. ed,. Brasília: Editora Universidade de Brasília, 2004, p. 1210.

[5] "Relações cada vez mais públicas", *Revista Interesse Nacional*, ano 8, n. 30, julho-setembro 2015, p. 15.

[6] Floriano de Azevedo Marques Neto, "Agências reguladoras: basta vigiar e punir?", *Correio Braziliense*, 27/2/2012, Opinião, p. 11.

[7] Norberto Bobbio, Nicola Matteucci e Gianfranco Pasquino (orgs.), *Dicionário de política*, 12. ed., Brasília, Editora Universidade de Brasília, 2004, p. 1.210.

Carta de agradecimento

Há muito tempo procuro orientar minhas ações pela ideia de "amor ao mundo" enfatizada pela filósofa Hannah Arendt. Isso significou pensar as realizações pessoais e profissionais sob égide da necessidade de se construir e deixar um legado. Se não tenho dúvidas de que este caminho trilhado, como tantas realizações na vida, dependeu de inúmeras conjunturas objetivas, também tenho certeza de que o sucesso deste empreendimento dependeu consideravelmente de algumas circunstâncias pessoais.

Por isso gostaria de agradecer às inestimáveis contribuições de algumas pessoas, sem as quais a riqueza, o compromisso e a seriedade da presente pesquisa estariam comprometidos. Assim, agradeço ao professor e jornalista Carlos Eduardo Lins e Silva e ao jornalista Oscar Pilagallo pelas rigorosas e fundamentais reflexões acerca do papel das instituições para o desenvolvimento econômico e social de um país bem como pelas críticas certeiras à colonização ibérica como fator que obstaculiza nosso progresso social.

Um caminho para o Brasil

Também gostaria de agradecer ao economista e jornalista Fábio Pahim pela minuciosa pesquisa sobre o contexto político-econômico-social do BNDES, pelos diálogos que permitiram melhor compreender as vicissitudes que o abalam e sobretudo pelas extensas e enriquecedoras entrevistas com inúmeros economistas que tanto ajudaram para a compreensão do tema.

À jornalista Maria Helena Tachinardi, agradeço pelo empenho e dedicação na investigação sobre as agências reguladoras, desde sua contextualização histórica até às análises acerca dos desafios atuais que pautam a cotidianidade dessas instituições.

Por fim, agradeço ao professor César Mortari Barreira pelas ideias muito inteligentes e originais que permitiram um trabalho de síntese e coordenação de todos esses estudos.

Naturalmente, muitas outras pessoas compartilharam comigo inúmeras expectativas quanto ao desenvolvimento deste livro. A todas elas, meu sincero agradecimento pelo apoio e carinho demonstrados.

Entrevistados para o livro:

Affonso Celso Pastore, Alexandre Schwartsman, André Franco Montoro Filho, Ary Oswaldo Mattos Filho, Bernard Appy, Carlos Antonio Rocca, Eleazar de Carvalho Filho, Elena Landau, Estevam de Almeida Prado, Gustavo Jorge Laboissière Loyola, João Paulo dos Reis Velloso, Joaquim Falcão, Luiz Serafim Spínola dos Santos, Nildemar Secches, Roberto Procópio de Lima Netto, Roberto Teixeira da Costa, Rolf Treuherz, Samuel Pessoa, Sérgio Fausto e Thomas Tosta de Sá.

O autor

Raymundo Magliano Filho é graduado em Administração pela Fundação Getulio Vargas. Foi presidente da Bolsa de Valores de São Paulo (Bovespa) por sete mandatos consecutivos, conselheiro do Instituto Ethos, membro do Conselho de Desenvolvimento Econômico e Social (CDES) e de diversas entidades que atuam em níveis nacionais e internacionais. Autor de diversos artigos sobre o mercado de capitais publicados em jornais e revistas, fundou o Instituto Norberto Bobbio, instituição que se dedica a divulgar os conceitos de direitos humanos, democracia e cultura.

GRÁFICA PAYM
Tel. [11] 4392-3344
paym@graficapaym.com.br